愛憎の日本史

本郷和人
Kazuto Hongo

はじめに

本書の表題である「愛憎」は、歴史を紐解く上では、しばしば軽視されがちな存在です。事実、学校の授業で学問としての歴史を学ぶ際、関連する事象の裏で、どのような激情が渦巻いていたのかまで、教わることはほぼありません。

それゆえ、歴史について考えを深める際、私たちはつい政治や経済のシステムや権力者たちの偉業などを重視しがちです。しかし、実はその裏では、一人ひとりの人間が抱いた愛憎の感情が、歴史の流れに少なからず影響を及ぼしているのです。

たとえば、二〇二四年のNHK大河ドラマ『光る君へ』の主人公には、平安文学の金字塔『源氏物語』の作者・紫式部《むらさきしきぶ》が取り上げられています。彼女が、時の為政者である藤原《ふじわらの》道長《みちなが》の娘であり、一条《いちじょう》天皇の中宮《ちゅうぐう》だった彰子《しょうし》に仕えていたことは、ご存じの方も多いでしょう。なぜ、紫式部は彰子の元にいたのか。詳しくは本書でも解説していきますが、その理由をごく簡単にいえば、彰子に一条天皇の愛情を勝ち取らせるためでした。

当時、力のある貴族たちの最大の関心事項は、「自分の娘が天皇の息子を産めるかどうか」です。娘が天皇の息子の母となれば、自分自身は天皇の祖父となって権力を持つことができるため、多くの貴族たちは、自分の娘を天皇に嫁がせ、息子を授かってほしいと願っていたのです。

天皇の子どもを産むためには、数いる妻たちの中から、より多く天皇から愛されなければなりません。愛されるには、逢う回数を増やすことは必然です。そこで、道長は、彰子の周囲に才女たちを置き、文化的なサロンを作ることで、天皇が娘に逢いに行きたくなる環境を整えようと考えたのです（ちなみに、同じく一条天皇に嫁いでいた中宮・定子も、『枕草子』で知られる清少納言などの才能ある女性たちを呼び寄せたサロンを作っていました）。

このように華やかな貴族社会の水面下では、「天皇というたった一人の男性の寵愛を勝ち取る」という男女の愛憎にまみれた争いが行われており、その戦いを制した藤原道長が、後の栄華を摑むこととなりました。

男女の恋愛のみならず、親子間や親族間の愛憎が、歴史に影響を及ぼした事例もあります。

平安時代の終わりごろに登場した、鳥羽天皇と崇徳天皇の愛憎もその一例でしょう。

鳥羽天皇の第一皇子として生まれた崇徳天皇は、父から「自分の子ではないのではないか」との疑惑を抱かれた末、幼少期から疎《うと》まれ、憎まれて育っていたようです。不仲な親子関係がこじれた末、崇徳天皇は実の弟である後白河《ごしらかわ》天皇と皇位継承をめぐって争いが起き、「保元《ほうげん》の乱」へと発展しました。そして、この乱をきっかけに、源平を中心とした武士が台頭し、天皇が主役の時代は終わり、鎌倉時代という武士による新たな時代が誕生したのです。さらに、室町時代に終焉をもたらした「応仁《おうにん》の乱」にしても、発端は当時の管《かん》領《れい》だった畠山持国《はたけやまもちくに》が息子に抱いた「この子は本当に自分の子なのか？」という疑惑から生まれています。後にその疑惑が親族間の憎しみを引き起こし、日本を巻き込む大騒動へと発展したのです。

このように、日頃は軽んじられがちな愛や憎しみといった激情が、実は人を動かし、歴史をも動かす大きな原動力となることがありました。本書では数々の愛憎が引き起こした歴史的な事例をご紹介していきます。「愛憎」にまみれた人間味あふれた歴史の一面を、ぜひ本書を通じて皆様に知っていただければ幸いです。

二〇二三年一二月

本郷和人

目次

第1章 天皇家の「愛」と「憎しみ」

第2章

『源氏物語』の時代は恋愛至上主義

第3章

源頼朝《みなもとのよりとも》が政子《まさこ》を大切にしたのはなぜか

第4章 戦国時代の英雄と剛毅な妻たち

第5章 「三英傑《さんえいけつ》」の知られざる女性観

第1章　天皇家の「愛」と「憎しみ」

額田王《ぬかたのおおきみ》を巡って繰り広げられた、天智《てんじ》天皇と天武《てんむ》天皇の「三角関係」

日本では「長子相続」という文化が根付いていますが、古代日本国家に長子相続という基盤を根付かせたのは、天智《てんじ》天皇、天武《てんむ》天皇、持統《じとう》天皇という三人の天皇たちの存在です。天智天皇は中大兄皇子《なかのおおえのおうじ》、天武天皇は大海人皇子《おおあまのおうじ》という名前でも知られており、持統天皇は天智天皇の娘でありながら、天武天皇の妻でもありました。古代日本史では特に有名なこの三人ですが、その間にあった深い愛憎関係は意外と知られていません。

まず、天智天皇と天武天皇の兄弟は、額田王《ぬかたのおおきみ》と呼ばれる一人の女流歌人を奪い合ったエピソードが有名です。額田王は、和歌の才能を兄弟の母である斉明《さいめい》天皇に買われ、歌を詠《よ》む女官として取り立てられました。最初は弟の大海人皇子（のちの天武天皇）とお付き合いしており、二人の間には娘も生まれています。しかし、その後、兄の天智天皇が彼女を奪い去り、妃《きさき》へと取り立てられ、微妙な三角関係へと陥ったのです。

実は、額田王はなかなか恋愛上手な女性だったようで、天智天皇との結婚後も、現在の滋賀県にある蒲生野《がもうの》に猟へ行った際の宴会で、大海人皇子に向けてこんな歌を詠《よ》んでいます。

あかねさす　紫野行《むらさきのゆ》き　標野《しめの》行き　野守《のもり》は見ずや　君が袖振る
（あかね色をおびる、紫の草の野を行き、立ち入りを禁じられた御料地《ごりょうち》の野を行きながら、その野の番人が見ているのではないでしょうか。あなたが私に袖をお振りになるのを）

なかなか熱烈な歌です。対して、大海人皇子は、こんな歌を返しています。

紫草《むらさき》の　にほへる妹《いも》を　憎くあらば　人妻ゆゑに　われ恋ひめやも
（紫草のように美しいあなたが憎いのならば、あなたはもう人妻だというのに、どうして私がこんなにも恋い慕うのだろうか）

額田王が夫とは違う男に向けて「あなたのことが忘れられません」と関係性をほのめかす歌を詠んだかと思えば、かつての恋人である大海人皇子も「私もあなたのことが大好きです」と返歌するような愛の贈答歌を送り合う。しかも、これらはすべて天智天皇の前で行われたというのだから、とんでもない話です。

最初、僕はこのエピソードを聞いたとき、「なんと古代の人々は恋愛におおらかなのだろう。天智天皇は嫉妬に狂わなかったのだろうか」などと驚きましたが、還暦を過ぎたいまは、「そんな恋愛も悪くないものかもしれない」と思えるようになってきました。古代の日本人は、もしかしたらいまよりずっと恋愛の上級者だったのかもしれません。

持統《じとう》天皇の深い「愛憎」が、日本という国の基礎を作った

額田王を巡ってディープな愛憎関係に陥っていた天智天皇と天武天皇ですが、ここに加わるのが持統天皇です。

古代日本では女性天皇が何人も即位していますが、なかでも日本の国造りの基礎に携わって存在感を放ったのが、この持統天皇でした。そして、彼女が抱いた深い愛憎が、その後の日本の基盤に大きな影響を与えていったのです。

天智天皇が亡くなった後、次の皇位を巡って、息子である大友皇子《おおとものおうじ》と天智天皇の弟である大海人皇子が争いを起こします。これが、世にいう「壬申《じんしん》の乱」の発端です。大友皇子が自害することで壬申の乱は終わり、大海人皇子は天武天皇として即位しました。当時、

大海人皇子の妻であった鸕野讃良皇女《うののさららのひめみこ》（のちの持統天皇）は、新たに天皇となった夫を支え、政治に対する大きな影響力を持ちました。日本の国造りに携わる中、鸕野皇女は父がめざしていた律令制度の整備に対して、特に力を入れていきます。

そんな中、天武天皇が崩御。再び、次の天皇を誰にするかが争点となりました。

このとき、鸕野皇女は、なんとしてでも自分の息子である草壁皇子《くさかべのおうじ》に皇位を譲ろうと考えます。天皇といえども、人間です。それゆえ、自分が気に入る人間によりよいポジションを継がせようとする動きは当然と言えるのかもしれません。

ですが、草壁皇子には、別の女性が生んだ天武天皇の息子・大津皇子《おおつのおうじ》というライバルがいました。この人物は非常に賢く聡明で、草壁皇子の即位には大きな障害となりました。

そこで、鸕野皇女は、息子の即位を邪魔する存在を消し去ろうと画策し、大津皇子を殺してしまいます。

大津皇子殺害の理由について、古代史の研究者の方々の中には「持統天皇は父である天智天皇を深く尊敬していたので、なんとしてでも天智天皇の血筋を皇位に残したかったのだ」とおっしゃる方もいますが、僕はこの説には少し異論があります。

なぜなら、この大津皇子の母の大田皇女《おおたのひめみこ》は、鸕野皇女の実の姉です。父を尊敬していて、その血筋を残したいのであれば、大田皇女の父も天智天皇なので、天智天皇の孫である大津皇子が皇位についても全く問題ありません。

持統天皇は、かなりのファザコンであり、夫の天武天皇よりも天智天皇を尊敬し、愛していたと思います。ならば、父の血を引く甥《おい》が跡を継いでもよかったのに、そうしなかったのは、父親の血を残したいという想い以上に「自分の血統を天皇家に残したい」という深い執念があったからだろうと僕は思います。そんな理由で、自分の甥を殺してしまうとは、何とも業の深い話ですが。

余談ですが、殺された大津皇子は異母姉弟である自分の姉と婚姻関係にあったようです。現代では兄弟姉妹同士で結婚はできませんが、この時代には兄弟姉妹での恋愛も問題ありませんでした。

権力者が近親と結婚するメリットは、自分たち一族の財産が外に流出することを防ぐためです。もっとも奈良時代の天皇家は莫大《ばくだい》な財産を持っていましたが、江戸時代くらいになると天皇家に財産がないので、近親婚をしても意味はなくなっていたでしょう。

しかし、血族結婚を繰り返すと、生まれてくる子どもに遺伝的な問題が生まれることもあります。有名なところでいえば、オーストリアのハプスブルク家は、一族内での婚姻が何度となく繰り返されたため、生まれてくる子が病弱だったり、「ハプスブルクの顎《あご》」と呼ばれるような受け口気味な特徴的な外見を持っていたりしたことも知られています。近親婚に対する遺伝的な経験則があるからこそ、現代では、近親相姦は禁じられているわけです。

日本でも、直系血族同士は結婚できません。その禁を破った人として有名なのが、作家の島崎藤村《しまざきとうそん》です。彼は四十一歳のとき、自分の身の回りの世話をしてくれた十九歳の姪《めい》に手を出し、結果、子どもを作ります。当然ながら、その事件は一族の間で大問題に。ところが、当の島崎藤村はフランスへと逃亡。残された姪っ子は、世間の好奇の目にさらされることになるというとんでもない話があります。

男性は自分に都合の悪いことがあると逃げる……という悪例でしょう。

「父と自分の血筋を残したい」との執念から生まれた持統天皇

さて、話は鸕野皇女に戻ります。甥っ子殺しまでしたものの、いまだその息子が「草壁皇子」と呼ばれていることからもわかるように、草壁皇子は早逝し、皇位につくことはできませんでした。

鸕野皇女は考えます。「息子がダメなら、孫に跡を継がせよう」と。

ですが、一つ問題があり、この時代は、天皇が成人男性であることは今よりもずっと重い意味を持っていました。なぜかというと、当時の天皇は、政治の指導者であり、なおかつ軍事の指導者でした。大人の男性でなければ、戦場に出て、軍事の先頭に立ち、リーダーとして活躍することはできません。鸕野皇女の孫・珂瑠皇子《かるのおうじ》はまだ小さいので、彼を天皇にしたいならば、大人になるまで待たなければならない。鸕野皇女は草壁皇子の息子が大人になって天皇になるまでの間、自分が〝中継ぎ〟として時間稼ぎをしようと考えます。

そこで、生まれたのが、持統天皇という女性の天皇でした。そして、彼女が即位して以降、かつては兄弟間で受け継がれることも多かった皇位が、親から子へという長子相続のスタイルへと変わっていったのです。

エマニュエル・トッド氏が語る、「家族形態の変遷」

ここで取り上げたいのが、フランスの家族人類学者・歴史学者のエマニュエル・トッド氏の理論「家族形態の変遷」についてです。トッド氏は「家族類型論」という理論を提唱しているのですが、その仮説によれば、家族の形態はいくつかの分類によって成り立っているとのこと。順番に説明していきましょう。

まず、トッド氏が提唱する最も古い家族形態は、父と母と子という非常にシンプルなユニットである「単婚小家族」と呼ばれるものです。

単婚小家族の間では「長男が偉い」「男が偉い」などという概念はなく、性別や年齢、生まれ順にかかわらず、子どもたちには同等の権利が発生し、親が亡くなった後は、平等に財産が分けられます。

その次に出てくる家族形態が、「直系家族」です。これは、父と母の間に生まれた子どもたちのうち一人が跡取りとなり、両親の持つ財産を受け継ぐというものです。後継者に選ばれた子どもは、親の家で暮らし、ほかの子どもたちは家を出て、別の家族を持つようになります。

なお、儒教の影響が強い中国などでは、基本的には「先に生まれたものが偉い」という思想が根強いので、後継者として指名され、すべての財産を受け継ぐのは、最年長の男性であることが多くあります。

世界的にも、長男による「長子相続」が行われる傾向がみられますが、反対にモンゴルの遊牧民などの場合は、子どもたちが成人すると各人が両親から少しずつ財産を分けてもらって独立し、最後に親元に残った末っ子が家を引き継ぐという「末子相続」という形態をとることもあります。

そして、最後の家族形態のフェーズとして生まれるのが「共同体家族」です。共同体家族では、父や母、後継者のほかに、すべての子どもたちが親と同じ世帯で暮らします。仮に子どもたちが結婚した場合、その配偶者や生まれた子どもたちも同じ世帯で一緒に生活をします。親が亡くなった場合は、兄弟の間で財産を分配し、独立します。

共同体家族の場合は、すべての家族を内包した状態で家族が形成されるので、ある程度経済的に豊かでないと実現できません。

つまり、貧しい状態では単婚小家族が主流になるし、みんなが豊かになると共同体家族へと移行していくわけです。

「単婚小家族」は現代の「核家族」

　トッド理論の賞賛すべき点は、「最も古い形態である単婚小家族が最初に生まれるのは、文化圏的にも一番古い歴史を持つ国である」と提唱していることです。最も古い国で新たな家族形態が生まれた場合、かつてその国で用いられていた家族形態が周辺地域で発生するというのです。

　ここでいう「一番古い国」とは東アジアならば中国で、ヨーロッパならばギリシャやローマが挙げられます。これらの国に、まず単婚小家族が生まれ、何百年かの時を経て、次なる家族形態である直系家族が生まれるとします。すると、東アジアなら中国の周辺にある朝鮮や日本、ベトナムなどの国で、最も古い家族形態である単婚小家族が生まれます。ギリシャ、ローマの場合は、イギリス、フランス、ドイツという周辺国に単婚小家族が発生する。

　さらにまた何百年後に、中国やギリシャ、ローマといった文明の中心地域に共同体家族が生まれると、周辺の国に今度は直系家族という家族形態が伝播していきます。一番古い形態である単婚小家族は、周辺の国のさらに周縁部に移っていき、東アジアなら、パプアニューギニアやインドネシアなどで単婚小家族を取る家族が見られるようになる。

個人的に興味深いのが、単婚小家族は、現代の「核家族」と同じような形態であるという点です。なぜ、最も古い単婚小家族という家族形態が、現代によみがえっているのか。トッド氏と対談する機会を得たとき、僕は彼にその疑問をぶつけてみたことがあります。

すると、トッド氏はこう答えました。「私たちは歴史を見るとき、天皇や貴族や有力武士など、歴史で脚光を浴びる権力者の姿ばかりを見てしまうが、それはあくまで一部の豊かな富裕層の話に過ぎない。仮に、貧しい場合は単婚小家族という家族形態をとるしかないのだ」と。現代の日本は、人々が単婚小家族を選ばざるを得ないほどに、貧しい世の中になっているのかもしれません。

持統天皇の自己愛が変えた日本の天皇家

先ほどのトッド氏の理論を用いて、天皇家の系図を分析すると、おもしろいことがわかります。

日本史の世界では、二十六代の継体《けいたい》天皇以降から今上《きんじょう》天皇に至るまではほぼ確実に血がつながっていると考えられているのですが、二十七代の安閑《あんかん》天皇、二十八代の宣化《せんか》天皇、二十九代の欽明《きんめい》天皇は、天皇の座を兄弟間で受け継いでいます。これは、先のトッド氏の家族理論でいえば、子どもの間で優劣をつけず、兄と弟が等しく親の権利や財産を受け継ぐという単婚小家族の兆候です。

しかし、そんな単婚小家族のような「ヨコの継承」から、現在のように父から息子へ、息子から孫へ受け継がれる直系家族、すなわち「タテの継承」が行われるようになるのが、持統天皇以降の女性天皇たちが登場した時代でした。

持統天皇は、父である天智天皇や夫の天武天皇がめざした、中国のような律令《りつりょう》国家を作ろうと尽力します。その結果、日本初の令と呼ばれる「飛鳥浄御原令《あすかきよみはらりょう》」や、戸籍の完成、班田収授法《はんでんしゅうじゅのほう》の整備などにも着手しました。

様々な改革を行う中、持統天皇は中国に倣《なら》って長子相続を規範とした国造りの必要性を感じたのかもしれませんが、その裏には「大好きな父の血統を受け継ぐ、自分の血統を天皇家に残したい」という気持ちが間違いなくあっただろうと僕は思います。

持統天皇以降、長子に皇位を譲るための「中継ぎ」として生まれた女帝天皇は少なくありません。持統天皇が父に抱いた深い愛や尊敬、そして、それを上回る強い自己愛が、天

皇家の家族制度を大きく変えたのです

純潔を重んじられていた、女性皇族たち

奈良時代は非常に女性天皇が多く誕生した時代で、持統天皇以降、奈良時代には元明《げんめい》天皇、元正《げんしょう》天皇、孝謙《こうけん》天皇、称徳《しょうとく》天皇という四人の女帝が誕生します（厳密にいえば、孝謙天皇と称徳天皇は同じ人物なので、実質は三人）。

これら女帝の中でも、特に異色なのが孝謙天皇でしょう。

孝謙天皇がほかの女帝と大きく違ったのは、女性でありながら「皇太子」であったことです。先に述べたように、女帝が生まれるのは、皇位につけたい男児の成長を待つ間の中継ぎという意味合いが強く、女性の系統で皇位が継承されることはありません。しかし、その唯一の例外が、孝謙天皇でした。

彼女は奈良の大仏を建てたことで知られる聖武《しょうむ》天皇の娘でした。聖武天皇には男子がいなかったため、直系の子どもは娘である阿倍内親王《あべないしんのう》（のちの孝謙天皇）だけ。聖武天皇が仏教に帰依《きえ》するために天皇の座を退いた際、跡を継ぐのは彼女しかいません。そこで、阿

倍内親王は孝謙天皇として即位します。

即位した孝謙天皇が不幸だったのは、結婚が許されなかったことです。歴代の天皇家の女性を見ても、生涯独身が大半です。江戸時代になると、皇室のお姫様が同じ皇族の男性と結婚するケースがちらほら出てきますが、それ以外でいえば、摂政関白レベルの最上位の貴族と結婚する女性がいたくらいで、孝謙天皇も皇位こそ継いだものの、生涯独身だったのです。

なぜ、当時の女性皇族は結婚しなかったのか。

これはあくまで僕の仮説ではありますが、当時は、男女の交わりを行うと、女性の神聖性が穢《けが》されるとの感覚が根強かったからでしょう。男性の場合は、女性と交わっても、男性は「純潔を穢された」とは言われません。これは、おそらく多くの場合、男女の交わりでは、女性が男性を受け入れる形をとることが多いからだと推測されます。

その象徴的な存在が、斎王《さいおう》です。「斎王」とは天皇家の娘である内親王が、伊勢神宮の神様の嫁になることです。斎王が神の住まう場所である斎宮《さいぐう》にいる間は、当然ながら男性とは交わってはいけません（もっとも、神の嫁といっても、伊勢神宮の神様は天照大神《あまてらすおおみかみ》という女神なので、おかしな話ではあるのですが……）。

斎王は純潔を守っていたといっても、それはあくまで表向きだけであったように思います。

平安時代の物語『伊勢物語』には、平安時代のプレイボーイ・在原業平《ありわらのなりひら》が斎王と関係を持つ話が記されていますし、鎌倉時代に書かれた官能的な小説『とはずがたり』では、元斎王が自分の実の兄である後深草《ごふかくさ》上皇と関係を持つシーンも描かれています。天皇家の女性であっても、そうやって男性と関係を持つことは往々にしてあったのでしょう。

しかし、天皇家という神聖な家に生まれた女性が、男性に身を許せば「神聖さが穢された」ととらえられてしまうため、一般的に「私はこの人と結婚します」と公《おおやけ》にすることは許されなかったのでしょう。

皇族と同様、高位の僧侶も表立って伴侶を取ることはありませんでした。女性の代わりにお稚児《ちご》さんを相手に男色《なんしょく》に走る人がいたものの、少なくとも偉い僧侶が妻帯することはほとんどなかったと僕は思っています。しかし、先日、宗教学者の島田裕巳《しまだひろみ》先生とお話しした際は、「僧侶にしても、やはり女性と交わって、子どもを持っていた人はいたのではないか」との意見を伺《うかが》いました。

たしかに僧侶の周辺を調べていくと、まれに「真弟子《しんでし》」という言葉が出てくることがありますが、実際は息子という意味です。このように神聖な存在であっても、異性と行為に及ぶことはあったのかもしれません。でも、建前としては、あくまで独身の体裁がとられていたのではないかと思います。

孝謙《こうけん》天皇と道鏡《どうきょう》のロマンスが、女帝を廃した？

孝謙天皇の即位によって、日本の歴史は大きく変わります。それは、彼女以降、江戸時代までの長きに渡り、女性天皇がいなくなってしまったことです。

その原因は、孝謙天皇が、女性として一人の男性を愛してしまったことです。

孝謙天皇に愛され、女帝の歴史を変えた男。それは、「日本のラスプーチン」とも言われる法相宗《ほっそう》の僧侶・道鏡《どうきょう》です。孝謙天皇が病に倒れた際、道鏡が回復祈願を行ったことをきっかけに二人は出会います。孝謙天皇は道鏡にメロメロになり、寵愛《ちょうあい》するようになりました。

それまでの孝謙天皇は、恵美押勝《えみのおしかつ》、別名・藤原仲麻呂《ふじわらのなかまろ》という藤原氏嫡流《ちゃくりゅう》の貴族の補佐を得て、素晴らしい政治を行っていました。しかし、そこに新たな男が割り込んできたことで、事態は一変します。

孝謙天皇が強い庇護を与えたことで、道鏡は政治に口出しするようになり、朝廷は大混乱に陥ります。さらに彼は政治への介入のみならず、皇位の簒奪《さんだつ》、すなわち自分が天皇になることを望み始めました。孝謙天皇のサポート役だった藤原仲麻呂は道鏡を排斥しようと乱を起こしますが、逆に殺されるという憂き目に遭います。結果、藤原仲麻呂に代わって、道鏡が大きな権力を振るうようになったのです。

「道鏡事件」に深くかかわった、宇佐八幡《うさはちまん》のご神託

その後、一度は天皇の位から降りたはずの孝謙天皇は、道鏡をバックアップするために再び皇位を手に入れようとします。そして、すでに皇位についていた淳仁《じゅんにん》天皇を武力で排斥し、流罪にした後、自分が称徳《しょうとく》天皇としてもう一度天皇の座に返り咲き、恋人を太政大《だいじょうだい》臣禅師《じんぜんじ》という高い地位につけて「道鏡を天皇にしよう」と主張したのです。

自分の愛する男性を天皇にしてあげたいという気持ちはよくわかりますが、さすがに「それは権力の濫用だ」と周囲からの反対も大きく、なかなかうまくいきません。

ここで非常にトリッキーな動きを見せたのが、宇佐八幡宮《うさはちまんぐう》です。この頃はご神託によって政治の行方が決まることもありました。そこで、宇佐八幡宮は道鏡におもねったのか「道鏡を天皇にせよ」というご神託を出します。

このご神託に対して、朝廷は騒然とし、「もう一度、宇佐八幡の真意を確かめよう」として、使者・和気清麻呂《わけのきよまろ》が派遣されました。

これに慌てたのが、宇佐八幡宮です。

「どうもこれはまずいな。朝廷の大半は、道鏡が天皇になることに反対しているようだ」とその雲行きの怪しさを読み取ったのでしょう。結果、空気を呼んだ宇佐八幡宮はご神託を出し直し、「皇室に生まれてもいない人間が皇位につくなどあり得ない」という最初とはまったく違う神託を出しました。和気清麻呂がこの神託を持って朝廷へと報告すると、「そんなわけがない！」と怒り狂った称徳天皇は、彼を処罰します。和気清麻呂は命までは取られなかったものの、財産など全てを剥奪され、別部穢麻呂《わけべのけがれまろ》という変な名前に改名されて、島流しにされてしまいます。

和気清麻呂からしたら、「私ではなくて、宇佐八幡が言ったのだからしょうがないじゃないですか」と大層不満だったことでしょう。その後、称徳天皇が亡くなると、当然、道鏡も失脚し、和気清麻呂は都に戻され、その名誉は回復されました。現在では和気清麻呂の存在は忘れられつつありますが、戦前は皇室の純粋な血を保った立役者として大変な有名人になりました。

ここで、おもしろいのは宇佐八幡宮の立ち位置です。八幡様は、いわゆる高天原《たかまのはら》系と呼ばれるような伊勢神宮《いせじんぐう》系の神様ではなく、宇佐地方（現在の大分県宇佐市）の土着神です。皆さんご存じの通り、皇室を管轄しているのは伊勢神宮なので、本来、天皇家に関する神のお告げが述べられるなら伊勢神宮であるべきです。なぜ、宇佐地方の土着神がご神託を出したのか、不思議な話です。

おそらく、当時の宇佐八幡宮の神主集団は、非常に機を見るに敏な人々だったのでしょう。事実、聖武《しょうむ》天皇が東大寺の盧舎那仏《るしゃなぶつ》を作る際、最初に賛同の意を示して、「私たちも協力しましょう」と大仏作りに加わったのが宇佐八幡宮でした。

本来ならば、八百万《やおよろず》の神を祀《まつ》る神社にとっては、大陸から入ってきた仏を信仰する仏教は敵対する関係であってもおかしくありません。ですが、宇佐八幡宮は時代の風をうまく読み、天皇の意に賛同しました。

いざ、東大寺ができると、そのご褒美として、宇佐八幡は鎮守《ちんじゅ》八幡、要するに東大寺を鎮守する八幡宮として、社《やしろ》を構えます。現在では、手向山《たむけやま》八幡宮と名前が変わっていますが、いまだに宇佐八幡は東大寺の守護神として社が残り続けています。

道鏡の皇位簒奪騒動のときも、宇佐八幡は皇位の行方に関わる動きをしました。その結果、平城京から平安京への遷都が行われたとき、都を守る大事な場所・裏鬼門に置かれたのが石清水《いわしみず》八幡です。石清水八幡は朝廷からも非常に重んじられ、朝廷が年中行事で各神社に使者を派遣する際、一番重要度が高い神社である伊勢神宮に次いで、二番目に重んじられる神社となりました（ちなみに、三番目は賀茂《かも》神社です）。

高天原系の神様ではないにもかかわらず、土着神である八幡様が非常に高い地位に置かれたのは、日本の歴史に重要な役目を担ったご褒美のようなものだったのでしょう。

なぜ孝謙天皇は道鏡にほれ込んだのか？

孝謙天皇を虜《とりこ》にした道鏡には、どんな魅力があったのでしょうか。

はしたない話で恐縮ですが、道鏡は非常に男性器が大きく「性器の長さが膝《ひざ》まであった」という巨根伝説も残っています。ですが、孝謙天皇はそもそも夫がいなかったので、ほかの男性と肉体的な相性を比べたというよりは、純粋に道鏡にほれ込んでいた可能性もあります。

もうひとつの理由は、道鏡が僧侶であったことも挙げられるかもしれません。

政治に携わる権力者は、占いやスピリチュアルなものを信頼する傾向があります。なかには、ロシアの怪僧と呼ばれたラスプーチンのように政治に大きな影響力を持つ人物もいましたし、ロナルド・レーガン大統領の妻も占星術に強く傾倒する人だったため、夫のレーガンの動向にも占星術の影響が及んでいたと言われています。

歴史を見ると、宗教の力を借り、神通力と称して、人前で不思議な現象を起こす人々はごくたまに現れます。

鎌倉時代を見ても、天皇が非常に信頼していた僧侶には、雨を降らせたり、雨を止めたりする力を持った人が多かったようです。でも、彼らに本当に神通力があったというよりは、むしろ確率や偶然によるものが大きかったのではないかと思います。

仮に、天皇が十人の僧侶に「雨を降らせろ」と命じた場合、彼らが空とにらめっこしたとき、「そろそろ雨が降りそうだな」と思ったタイミングに雨降りの呪文をとなえたら、「ほら、雨が降りましたよ。私の神通力です」と言い含めることができます。

仮に一人では良いタイミングで降らせることができなくても、十人の僧侶がかわるがわる長い祈祷《きとう》を行った場合は、確率論で考えれば、誰かの祈祷中に雨は降るはずです。

彼らの力が本物かどうかはかなり怪しいですが、その力を見せつけられると、何かとプレッシャーの多い決断を迫られる権力者は盲目的に信じてしまい、その人の存在抜きにはやっていられなくなってしまうものだったのかもしれません。

女性天皇は姿を消し、日本の都は京都になった

孝謙天皇の騒動以降、貴族たちは「女性を位につけるとまた道鏡のように皇位の簒奪を考える人間が出てくるのではないか」と心配になったのでしょう。そうなればまた跡目争いが起こるし、何処《どこ》の誰とも知らない貴族が天皇になろうと画策するかもしれない。これはよろしくない。そして、江戸時代に入るまで、女帝は日本の歴史上から姿を消します。

もし、孝謙天皇が、天皇としての役割をきちんと果たし、公務を遂行し、自分の恋人に権力などを渡さない上で、プライベートでは愛する男性と結ばれたい……と主張したなら、おそらく何も問題はなかったと思います。

また、仮に孝謙天皇が男性であれば、このように女帝を廃するという極端な行動もなかったかもしれません。しかし、男性と女性が同じことをすると、どうしても女性の方が叩かれてしまう時代背景が、そこにはあったのでしょう。

女性天皇が姿を消したことに加え、奈良から京都への遷都が行われたことも、道鏡事件が一端を担っていると言われています。現代の我々からすれば、奈良と京都は近い場所という感覚がありましたが、当時の交通事情から考えれば、やはり離れた場所だったのでしょう。

奈良は非常に仏教界の影響が強い場所でした。実際にどんな人がいて、どんな勢力があったのかという話は具体的ではありませんが、道鏡が影響力を持てた背景には、彼を支える仏教界の力が少なからず存在したはずです。

道鏡によって痛い目を見た朝廷が、仏教界の影響力やしがらみを断ち切り、今後同じようなことがないように対策を取ったことで、奈良から京都へと都を移したのです。その後、明治時代に入るまで、長きにわたって京都は日本の首都であり続けました。

孝謙天皇と道鏡。そのたった一組のカップルが、日本の歴史を大きく変えてしまったのです。

義理の母との不義密通をおこなった平城《へいぜい》天皇

桓武《かんむ》天皇が平城京から平安京へと遷都した後、一人の熟女を巡る愛憎が生んだ一つの政変。それが、「藤原薬子《ふじわらのくすこ》の乱」です。

この事件におけるキーパーソンは、桓武天皇の息子である平城《へいぜい》天皇ですが、彼は父である桓武天皇と非常に仲が悪かった。その理由は、女性関係でした。

最初に桓武天皇を怒らせたのは、まだ平城天皇が安殿《あて》親王と呼ばれていた皇太子時代のこと。安殿親王は一人の若い女性を見初め、妻とします。当時、彼女は十代で若く、右も左もわからない状態だったので、母親も娘と一緒に宮中へとついてきました。この母親こそが、かの有名な藤原薬子です。

当時、薬子には夫のほかに、四人の子どもがいたのですが、よほど魅力的な人物だったのか、安殿親王は薬子と関係を持ち、一気に夢中になってしまいました。息子が義理の母とインモラルな関係を持っていることを聞きつけた桓武天皇は激怒し、「早く眼を覚ませ！」と叱り飛ばしますが、安殿親王はろくに話を聞かなかったようです。

父としては息子が義理の母と不純な関係に陥ることは、何としても避けたかったのでしよう。なお、作家の杉本苑子《すぎもとそのこ》さんは、実は桓武天皇自身も、自分の父・光仁《こうにん》天皇の妻であり、桓武天皇の義理の母にあたる井上《いのえ》内親王と、密通関係にあったと指摘しています。すでに父だって義理の母と不適切な関係を持っていたのだから、安殿親王からしてみたら「あなたにだけは指摘されたくないよ！」という心境だったかもしれません。

なお、桓武天皇と井上内親王については、後日談があります。井上内親王は光仁天皇との間に他戸《おさべ》親王という息子をもうけているのですが、この方のほうが桓武天皇よりも天皇にふさわしいのではないかとの声も上がっていたようです。

しかし、これにあまり良い顔をしなかったのが藤原氏です。井上内親王は、もともとは聖武天皇の娘であり、天皇家の血筋を引く皇族です。両親ともに皇族の血筋を引く他戸親王が天皇になると、天皇家の力が強くなりすぎて、藤原氏を脅かすのではないかと警戒したのでしょう。

一方の桓武天皇は、母親は藤原氏ではありませんでしたが、百済《くだら》の王様を祖父に持つ高《たか》野新笠《ののにいがさ》という人物だったため、皇室とはそこまで強い縁がありませんでした。藤原氏からすると、天皇家の血が濃すぎない分、他戸親王よりも桓武天皇のほうが扱いやすかった。結局、井上内親王とその息子である他戸皇子は失脚し、位を奪われ、幽閉されます。非常に惨めな生活をさせられた末、二人は同じ日に亡くなっています。同じ日に亡くなるとの記録が示すのは、自害したか誰かに殺されたのか、どちらかだろうと考えられます。

「傾国の美女」薬子《くすこ》への愛に端を発した政変

桓武天皇が崩御すると、安殿親王が平城天皇として即位します。父という目の上のたんこぶがいなくなった後、平城天皇は義母である藤原薬子を呼び寄せて、ますます寵愛しました。薬子を寵愛するだけならばまだよかったのですが、このあたりからちらつき始めるのが藤原薬子の兄・藤原仲成《ふじわらのなかなり》の存在でした。その後、平城天皇の薬子への愛が深まるにつれて、仲成が政治に非常に強い発言権を持つようになります。

もともと藤原家には、南家と北家、式家と京家という四つの家がありますが、薬子たちは藤原式家の一族でした。仲成と薬子の父である中納言の藤原種継《ふじわらのたねつぐ》が、奈良から長岡京へと都を移すことを提案し、大きな原動力となりました。しかし、奈良から都を移すことに反対した勢力によって、種継は暗殺されてしまいました。

その後、平城天皇は、自分は上皇となり、弟に位を譲ります。この弟こそが、日本史上で非常に優秀な天皇として知られている嵯峨《さが》天皇です。平城天皇は上皇になった後、奈良へと戻りました。しかし、上皇になった後も、政治介入を行おうとしたため、京都の平安京にいる嵯峨天皇、奈良の平城京にいる平城上皇という二人の権力者が対立するようになりました。

最終的には嵯峨天皇が日本初の征夷大将軍《せいいたいしょうぐん》に任じていた坂上田村麻呂《さかのうえのたむらまろ》を起用し、平城天皇たちと戦《いくさ》をしました。その戦いの中で、平城天皇は負けを認めて出家し、薬子は自害。兄の仲成は殺害されます。以前はこの事件は「藤原薬子の乱」とされていましたが、現代の教科書などでは「平城上皇の乱」と呼ばれています。

日本にはあまり「傾国の美女」と言われる存在はいませんが、数少ない事例として挙げられるのが、この薬子です。まさに、権力者が一人の熟女の魅力におぼれたがゆえに、ひとつの乱が生まれてしまった象徴的な事例だと言えるでしょう。

藤原氏政権の立役者となった『伊勢物語』のヒロイン

平安時代といえば、多くの人の頭に浮かぶのは摂関政治を行った藤原家の栄華でしょう。

その基礎を作るきっかけとなったのが、藤原高子《ふじわらのこうし》（後述しますが歴史学では「たかいこ」といいません）という女性です。彼女は、皇族出身者ではないながらも初めて関白《かんぱく》となった藤原基経《ふじわらのもとつね》の妹です。後《のち》の藤原道長《ふじわらのみちなが》などが活躍する藤原氏全盛時代の土台を作った人物だともいえるでしょう。

当然ですが、皇族出身者ではない藤原基経が権力を持つまでには、たくさんの礎《いしずえ》が必要でした。その中で、非常に重要な役割を担ったのが高子の存在です。

もともと高子は藤原家直系の娘であり、大変なお嬢様だったのですが、彼女がまだ十代の頃に一つの恋愛沙汰を起こしています。そのお相手は、平安時代きってのモテ男と言われる在原業平《ありわらのなりひら》でした。

在原業平をモデルにしたとされる『伊勢物語』には、彼らとおぼしき男女が駆け落ちをするシーンが描かれています。簡単にあらすじを解説すると、男性が女性を連れて京都から当時の大坂まで逃げます。ところが、大坂を訪れた当たりで、鬼が出てきて、女性は食べられてしまい、男は一人残されてしまう。

物語の中で「鬼」と描かれたのは、実は藤原氏の追っ手であり、結局、高子は親元へと取り戻されてしまった。そこで、在原業平の恋愛は儚《はかな》く敗れたのであると解釈されています。

在原業平も天皇の血をひく貴族ではありましたが、藤原氏の大切なお姫様・高子には不釣り合いな身分でした。そんな高貴な女性に手を出してしまったがゆえに、業平は都にもいられなくなり、関東へと旅をして、「名にし負はば　いざ言問《こと》はむ　都鳥　わが思ふ人は　ありやなしやと」という有名な歌を詠みました。

本当に在原業平が訪れたのかは定かではないのですが、彼が歌を詠んだとされる橋は言《こと》問橋《といばし》と呼ばれています。

母は強し。若き日の恋を捨てた藤原高子《ふじわらのこうし》

大恋愛を経験した後、二十五歳の頃、高子は天皇の元へと嫁ぐことが決められます。そのお相手は、当時十六歳の清和《せいわ》天皇でした。

在原業平との悲恋の末、十歳近く年下の男性に嫁がされる。家の都合で恋を絶たれてしまい、高子はさぞや心が苦しかっただろうと思います。ですが、高子は清和天皇との間に息子を生み、その子は陽成《ようぜい》天皇として七歳で即位します。

高子のおかげで陽成天皇の外戚《がいせき》となった兄・基経は、日本初の関白の地位を得て、政治を大きく動かすようになりました。高子の義父である藤原良房《ふじわらのよしふさ》も、皇族以外の一般人として初めて摂政となり、この良房・基経コンビの時代に藤原氏政権の基礎が固まるほど絶大な権力を持ちました。

しかし、その繁栄の裏には、藤原高子の尋常ではない頑張りがあったはずです。まず、夫の清和天皇にしても、一筋縄で行く男ではありませんでした。源氏の血統を「清和源氏」などと呼ぶので、清和天皇に対して立派なイメージを持つ人も多いかもしれませんが、人柄はかなり破天荒で、為政者としても人としてもあまり良い話は残っていません。そんな夫を持ったのだから、高子の心労は大きかったでしょう。

夫に輪をかけて大変な人物だったのが、息子の陽成天皇です。

陽成天皇は、非常に乱暴なふるまいが多い人物だったようです。さすがの基経も「これはまずい」と思ったのか、病気を理由にわずか八年で退位させ、以降の皇統が変わるという大騒動も起きています。

退位させられた陽成天皇の代わりに、急遽天皇として指名されたのが、陽成天皇の大叔父である光孝《こうこう》天皇でした。ですが、光孝天皇は五十五歳で天皇になったので、あくまで中継ぎのような存在。その間に次の候補者が探され、白羽の矢が立ったのが、光孝天皇の息子である源定省《みなもとのさだみ》です。源定省は、臣籍降下《しんせきこうか》していたものの、皇族に復帰し、宇多《うだ》天皇として即位しました。

昨今、女性天皇の有無が議論になるなかで、ときに「天皇は男性ではないとダメだ。ならば、私は皇族ではないが、皇室の子孫なので、次の天皇に私がなる」などと言い出す方もいます。一見、暴論のように聞こえますが、仮にその人が皇室の血を引いているのであれば、源定省が宇多天皇として即位したように一般人が天皇になった先例があるため、実現は不可能ではないでしょう。

それにしても、すべてを投げうって駆け落ちまでするほど一途な恋愛に身を焦がした娘時代とは違い、結婚した後の高子は己の義務を果たすべく、問題の多い夫である清和天皇との子どもを産み、その息子を天皇に据え、藤原氏の繁栄のために懸命に尽力した。

まさに、「女は弱し、されど母は強し」という生き方を体現した女性だと言えるのではないでしょうか。

藤原高子は「こうし」か？「たかいこ」か？

なお、藤原高子についてよく議論になるのが、名前の読み方についてです。

現在、僕は『応天の門』（作・灰原薬／新潮社『月刊コミックバンチ』連載）という漫画の時代考証を担当しています。この作品は平安時代を生きた菅原道真《すがわらのみちざね》と在原業平を中心としたストーリーなのですが、藤原高子は作中に登場するヒロインの一人です。

この作品の読者の方にはきちんと学校で古文を勉強した方が多いのか、高子の名前の読み方について指摘を受けることがたまにあります。

作中、僕は高子の名前には「たかこ」「たかいこ」ではなく「こうし」というフリガナを振っています。すると、読者の方から、「これは『たかいこ』と読むのではないか」という問い合わせの声が寄せられます。

藤原高子の「たかいこ」や、明子と書いて「あきらけきこ」などと読ませることがあるのですが、実はこうした高子たちの名前については、角田文衛《つのだぶんえい》さんという研究者が独自に決めたものであるという事実をご存じでしょうか？

日本史の歴史研究者が何かの情報を調べる際、一番の根拠とされるのが吉川弘文館《よしかわこうぶんかん》の

『国史大辞典』です。日本史では一番権威のあるこの辞典には、高子は「こうし」、明子は「めいし」など、藤原氏の身分の高い女性は、みんな音読みで表記されています。

「〇〇こ」などの呼び名が出てくるのは、鳥羽天皇以降の時代ごろから。紫式部《むらさきしきぶ》や和泉式《いずみしき》部《ぶ》が仕えた彰子は「あきらこ」ではなく「しょうし」と読むなど、それ以前の藤原道長の時代くらいまでは、まだ音読みで呼ぶのが歴史学者の間では主流となっています。

第2章　『源氏物語』の時代は恋愛至上主義

神聖なものだと考えられていた「女性の力」

二〇二四年の大河ドラマの題材としても話題になっている『源氏物語』の世界。めくるめく華やかな貴族社会が描かれる同作ですが、平安時代の宮中を語る上では、当時の女官の在り方の知識は必須です。『源氏物語』をより一層楽しむために、まず本章の冒頭では、当時の女官の在り方を説明していきましょう。

女官にはさまざまな役職がありますが、まず抑えておきたいのが、天皇の側に仕える女性たちである内侍（ないし）について。「内侍」の「侍る《はべ》」という字は「侍（さむらい）」とも読みますが、それは武士が元々は天皇に侍る存在だったからこそ。同じように内侍も天皇の近くにお仕えすることが役目です。

内侍たちが所属するのは、「内侍所《ないしどころ》」という場所です。実はこの場所は、三種《さんしゅ》の神器《じんぎ》のひとつである八咫鏡《やたのかがみ》を安置する場所でもあります。三種の神器の中で一番大切にされていたこの鏡は、内侍たちによって大切に護持されていました。

国文学者の折口信夫《おりぐちしのぶ》は、古代の女性たちが男性を支える力を「妹（いも）の力」と呼びました。「妹」といっても本当の妹ではありません。当時は、女性たちの神秘の力が男性を霊的に守ると考えられており、妹の力をもつ内侍たちが、大切な鏡を守ると考えられていたのです。

そのため、八咫鏡は、別名「内侍所」とも呼びます。お恥ずかしい話ですが、かつて僕が『吾妻鏡《あずまかがみ》』という鎌倉幕府の歴史書を翻訳したとき、八咫鏡が別名「内侍所」と呼ばれていることを知らず、大きな間違いを犯しそうになったことがあります。

『吾妻鏡』には平家が壇ノ浦《だんのうら》で滅亡する様子が描かれるのですが、そのとき、平家が擁立していた安徳《あんとく》天皇が海中深く沈む描写があります。天皇と共に三種の神器も海の中に沈んでしまうのですが、その後、出てくるのが「又内侍所神璽雖御坐。寶劒紛失（内侍所と神璽は御座しますと雖も、寶剣は紛失す）」という描写です。

これは、「八咫鏡と八尺瓊勾玉《やさかにのまがたま》はあるけれども、天叢雲剣《あめのむらくものつるぎ》は紛失してしまった」という意味ですが、最初にこの表現を見たとき、僕には「内侍所」が何を意味するのかがまったくわからなかったため、文意を見誤り、大きな誤訳をするところでした。後に『吾妻鏡』を編纂している人たちからすると、「内侍所＝鏡」とするのが一般常識だったのだと知って、非常に恥ずかしい思いをしたものです。

天皇の子どもをなすこともあった内侍《ないし》たち

では、内侍所にはどのくらいの女官がいたのでしょうか？　その総勢は、全部で三十人ほど。中国の後宮《こうきゅう》に美女三千人がいたことに比べると、天皇のおそば近くに仕える女性の人数としては、案外少ないようにも感じます。「三千人」という表現は、あくまで中国の史書の誇張であり、実際はそんなに人数はいなかったはずですが、日本の朝廷の天皇の周りはやはり意外と質素だと言わざるを得ません。

内侍では「長官」「次官」「判官」「主典」という四つのランクを用いる四等官制が用いられていました。

一番偉い長官は尚侍（ないしのかみ）で、次に偉いのが典侍（ないしのすけ）。三番目が掌侍（ないしのじょう）、四番目には内侍司（ないしのさかん）と呼ばれる役職があり、その下に俗に言う「ヒラ」として、普通の内侍たちが置かれました。

もっとも、四番目の内侍司は役職としては用意されているものの、実際に人は置かれず、あくまで形骸《けいがい》化された立場に過ぎませんでした。さらに、『源氏物語』が書かれる頃には長官である尚侍がいたのですが、平安時代の終わりごろには、空席が常となり、事実上は典侍が一番偉い女官になりました。

彼女たちの役目は、天皇の身の回りの世話や政治的業務のサポートが中心でしたが、常に天皇と一番近い距離にいる尚侍や典侍を筆頭に、女官たちが天皇と男女の関係になることもしばしばありました。なかには天皇の子どもを産む女官もおり、その子が次の天皇になることもあったのです。

『源氏物語』で描かれた、光源氏と典侍《ないしのすけ》の年の差恋愛

有名な典侍といえば、『源氏物語』に出てくる源典侍《みなもとのないしのすけ》でしょう。彼女は非常に恋愛上手な女性で、光源氏と恋仲になります。このとき光源氏はまだ十七、八歳ですが、お相手の源典侍はもう五十七歳ほどでした。

しかし、当時としてはこの年齢差はさほど大きな問題にはならなかったようで、光源氏が彼女と恋愛関係にあることを知った悪友・頭中将《とうのちゅうじょう》も、鞘当《さやあ》てのようにこの女性と関係を持っています。さらに、頭中将は二人が寝所に入っているところに侵入し、源氏をからかうために「この間男が！」と小芝居を打つような描写もあります。

『源氏物語』という作品は女性目線で描かれた物語であるとはいえ、当時は女性がうんと年上で男性が年下でも問題ないという認識だったのかもしれません。

さらに驚くのが、この源典侍は独身ではなく、修理大夫《しゅうりのだいぶ》という夫も存在します。当時は婚姻届があるわけではないので、正式な夫とは言い切れないにせよ、一般的には二人は夫婦だとして認められている状態でした。つまり、源内侍は、夫がいるにもかかわらず光源氏と恋愛を楽しんでいたわけです。

平安時代における、性へのおおらかさがよくわかるのではないでしょうか。

日本と中国に見る「血統」に対するこだわりの違い

しかし、ここで大きな疑問があります。それは、「天皇の子どもを産む可能性のある女性が、他の男性と簡単に関係を持ってもよいのか?」という疑問です。

先ほどお伝えしたように、典侍は天皇と関係を持つこともありましたし、子をなすこともありました。しかし、典侍をはじめとする女官たちが、そんなに簡単に天皇以外の男たちと関係を持っていたのだとしたら、仮に子どもが生まれた場合は「その子は誰の子なの？　本当に天皇の子なの？」という疑問が出てくるのは当然でしょう。果たして、「万世一系の天皇家」という考え方をどこまで信じていいのだろうかとも思ってしまいますが、平安時代の日本は、男女関係について野暮は言わないのがお約束だったようです。

中国の皇帝の場合はとにかく血筋を大切にするので、美女三千人がいる後宮は男子禁制です。仮に男手が必要な場合は、生殖器を切られてしまった宦官《かんがん》しか出入りができません。

宦官の問題については、以前、僕の妻であり、同じく歴史研究者の本郷恵子《ほんごうけいこ》先生と話し合ったことがあります。その問題とは「宦官とは、睾丸《こうがん》だけを抜き、子どもを作る能力を失わせればよいのか。それとも、男根自体を根元から切るのが正解なのか」についてです。

いろいろと妻と話し合った結果、中国では男根を根元から切り落とさないと宦官としては認められなかったようです。

中国の一大歴史書である『史記』を書いた司馬遷《しばせん》は、宮刑《きゅうけい》と呼ばれる男根を切り落とされる刑罰を受けています。この刑罰は、当時の男性には大変な屈辱だったと言われています。さらに、男根を切った後の治療法は、傷口に砂を塗りつけるような非常に原始的なものだったので、傷が悪化して死んでしまう人も多かった。なんとか生き残れた人は宦官となり、色欲を捨てて、仕事に邁進していたようです。司馬遷も、宮刑に処された悔しさをバネに『史記』という大作を書き残したと言われています。

そのほか有名なのは、明の鄭和《ていわ》という人物です。彼は大船団を率いて、七つの海を渡り歩いた提督ですが、彼も宦官でした。

何か罪を犯して男性器を切除された結果、宦官になる人もいますが、宦官になると大きな仕事をする機会があるので、出世する早道でもありました。なかには、自ら男根を切って、皇帝に忠誠を誓い、出世を目指す人もいたようです。

ですが、日本の場合は血統に対するこだわりは中国ほど強くなかったようで、宦官制度のようなものはなく、天皇の周囲に侍る女性たちの空間はかなりオープンなものでした。

実際、『源氏物語』では、一般人である光源氏《ひかるげんじ》と中宮《ちゅうぐう》である藤壺《ふじつぼ》の宮《みや》が密通してできた子どもが、後の天皇・冷泉帝《れいぜいてい》になる様子が描かれています。

たしかに光源氏は、天皇には非常に愛された息子でしたが、源氏という姓を与えられ、臣籍降下しています。天皇の血を引いているけれども、一般人であり、源頼朝《みなもとのよりとも》や平清盛《たいらのきよもり》と立場は同じです。

一般人の子が天皇になるなどという話は、本来ならば不敬であると文句を言われてもおかしくありません。しかし、貴族たちが文句を言わずに、この作品を娯楽として楽しんでいた様子を見ると、当時の人々は「万世一系」などという考え方は、あまり重視していなかったのかもしれません。

『源氏物語』を読む上で、覚えておきたい天皇の妻たちの身分

女官の役職のほかにも覚えておきたいのが、天皇の妻たちの身分についてです。天皇の妻には序列がありますが、基本的にはその女性が生まれた身分に応じて順番が決まっていました。

まず、正妻となるのが皇后、もしくは中宮です。「なぜ、二つも呼び方があるの？」と不思議に思ったかもしれませんが、かつての内裏《だいり》では中宮という位はほとんど使われていませんでした。この位を復活させたのが、藤原道長《ふじわらのみちなが》です。

当時の天皇である一条《いちじょう》天皇には、すでに藤原定子《ふじわらのていし》という皇后がいました。しかし、藤原道長は自分の娘の彰子《しょうし》を一条天皇の元に入内《じゅだい》させます。そのとき、ライバルの定子と並び立つ存在はないものか……と考えた末、はるか昔に使われていた「中宮」という肩書を引っ張り出してきて、天皇の正妻を表す身分として使い始めたのではと考えられています。

皇后、中宮の次に身分が高いのが、摂政関白《せっしょうかんぱく》や太政大臣《だいじょうだいじん》などの娘から選ばれるのが女御《にょうご》です。皇后や中宮は、この女御たちの間から選ばれるのが一般的でした。そして、実家の身分が大納言《だいなごん》以下の女性たちには、更衣《こうい》という身分が与えられました。なお、これは、平安時代にいつの間にか消えてしまったようで、鎌倉時代以降には出てきません。

『源氏物語』の光源氏の母である桐壺《きりつぼ》の宮は、更衣でした。更衣はあまり身分が高くはなかったので、彼女は天皇の寵愛を受けたせいで周囲のいじめに遭い、ついには死んでしまいます。源氏の君は父の天皇に愛されながらも、母の身分が低かったがゆえに皇族から外れ、臣籍降下されたのでした。

成長した源氏が、母の面影を追って出会ったのが藤壺の宮です。彼女は先帝の娘という非常に身分の高い女性だったので、最初から女御という立場で後宮に入り、桐壺帝《きりつぼてい》の妃となっています。

なお、天皇の正妻である皇后が子どもを産み、その子が天皇になると皇太后《こうたいごう》となり、祖母になると太皇太后《たいこうたいごう》と呼ばれます。今上上皇の奥様であられる美智子様も本来は皇太后と呼ばれるべきなのですが、現代では皇太后という名称を使わないので、上皇后という呼び方になったと聞いています。ちなみに、中宮には、皇太后のように、先代を呼ぶ名称はありません。

しかし、「皇太后」「太皇太后」という名前が出てきたとしても、必ずしも先代の皇后が皇太后と呼ばれるわけではありません。ときに、天皇の姉や妹などにも、ときに皇太后や太皇太后という位を差し上げることがあったので、間違えないようにご注意ください。

『源氏物語』の時代に、恋愛が重要視されたわけ

日本最高峰の古典文学と言われる『源氏物語』。その主たる題材は、まさに「愛憎」です。男性と女性の間で繰り広げられる恋愛やそこから生まれる憎しみや悲しみが、赤裸々に描かれた作品です。なぜ、平安時代にこの物語が生まれたのか。それは、男女の恋愛が大きく政治に影響を与える時代だったからこそ、です。

政治というものは、基本的にはシステムで動くものなので、「ドロドロとした人間関係が影響するわけがない」「恋愛で政治が変わるわけがない」などと言われてしまうのですが、平安時代は男女関係が政治関係を大きく左右する重要事項だったのです。

『源氏物語』が生まれた一条天皇の時代は、藤原氏の内部で大きな権力闘争が起こってい

ました。対立していたのは、藤原定子の兄である藤原伊周《ふじわらのこれちか》と藤原彰子の父である藤原道長です。

定子と彰子は共に一条天皇の正妻であり、同じ立場にいるライバルのような存在。決め手となったのが、どちらの女性が天皇により多く愛してもらい、早く子をなすことができるのかでした。

「天皇の子どもを誰が生むかによって、誰が権力を握るか決まる」という権力構造は、偶然性が作用する非常に危ういものですが、これが摂関政治における一つの特徴です。

どこが危ういのかというと、すべてを偶然に頼らねばならない点でしょう。まず、自分に娘が生まれなければならない。しかも、その娘を天皇の妻にして、子どもを産ませなければならない。仮に子どもが生まれても、その子が男の子であるかもわかりません。これは、非常に不安定極まりない。

本来、政治というものは、システムさえ確立されていれば、どんな人が天皇であっても本来は構わないし、言ってしまえばお飾りでも構いません。本書でも後述しますが、それを見事に体現したのが、江戸時代の徳川幕府です。徳川家康《とくがわいえやす》は「将軍はバカで良い」と割り切り、三代将軍の家光《いえみつ》以降は、どんなに無才で問題のある人間であっても長子が跡を継ぐようにと決めていました。要するに、将軍はお飾りに過ぎず、幕府というシステムでしっかりと政治を運営すれば問題がないと家康は考えていたわけです。実際、徳川家の家臣たちがしっかりとトップを支えていたので、将軍はお飾りでも全く構いませんでした。

しかし、藤原氏の摂関政治においては、誰が天皇の寵愛を受けるか、そして誰が天皇の子どもを先に産むか、という男女の交わりが、政治の行方を決める最大の比重を占めていました。

だからこそ、藤原氏で「自分がナンバーワンになりたい」という権力欲が強い人は、天皇の妻にするにふさわしい年ごろの娘がいることが、最大の武器になります。もしその家に娘が生まれると、息子が生まれたときよりも、一族は喜んだと言われます。

紫式部《むらさきしきぶ》や清少納言《せいしょうなごん》は、妻たちの恋愛を演出する存在だった

でも、娘が生まれたからといって、安心はできません。自分の娘を天皇に嫁がせたからといっても、その娘が子どもを産まなければお話にならないからです。

紫式部の時代にも、藤原氏から嫁いだ定子か彰子のどちらが一条天皇の子どもを産むか

でバトルが繰り広げられましたが、彰子が産んだ子どもが次の天皇になったことで、道長の権力が確立されたのです。平安時代では、恋愛関係が政治や権力にそのまま影響することがよくわかります。

仮に結婚しても、天皇が娘の元に通ってくれなければ子どもはできないので、気を引くためにどうしたらよいかを、貴族たちは必死に考えました。そこで、藤原氏をはじめとする貴族たちが行ったのが、教養のある女性たちを娘の周囲に集め、文化的なサロンを作ることでした。

自分の娘のサロンが、華やかで賑やかで知的に洗練されたものであれば、天皇もその評判を聞きつけて、娘のもとに通う傾向があったため、定子の兄である藤原伊周も、彰子の父である藤原道長も、天皇が思わず立ち寄りたくなるようなサロンを一生懸命整えました。

文化的なサロンを支えてくれるであろう文化的な匂いがする教養のある女性たちを探した末、伊周がスカウトしてきたのが『枕草子』の清少納言《せいしょうなごん》でした。一方、道長がスカウトしたのは歌の名手である和泉式部《いずみしきぶ》や『源氏物語』の紫式部《むらさきしきぶ》でした。つまり、清少納言や紫式部たちは、天皇に通ってもらえるような良い空間を演出する役割を担っていたのです。

女性が大きな役割を果たす空間では、武力が優位であってはなりません。腕力や暴力といった武力が大きな価値を持つ場では、身体的な差がある以上、男性が大きな権力を持つ空間になりかねない。だから、武力が幅を利かせる世界では、女性は活き活きとは活躍しづらいものでしょう。

しかし、平安時代の後宮のように、藤原氏という強い貴族の権力に守られながら、安全と平和が保証された空間であったからこそ、才能ある知的な女性たちが自らの才能を開花させ、『源氏物語』をはじめとする数々の女性文学が生まれたのだと僕は思います。

『蜻蛉《かげろう》日記』に描かれた赤裸々な恨み節

平安時代に生まれたたくさんの女流文学で主題となるテーマは、主に恋愛です。それは、恋愛というものが、この時代に非常に高い価値を持っていたとも言えます。

たとえば、当時の日記文学『蜻蛉《かげろう》日記』の著者として有名なのが、藤原右大将道綱母《ふじわらのうだいしょうみちつなのはは》という人物です。彼女は、道長の兄弟である右大将道綱の母親として知られています。

『蜻蛉日記』で特に僕が気になったのが、右大将道綱母が藤原道長の父でもある藤原兼家《ふじわらのかねいえ》への愛憎について綴《つづ》っている描写です。日記では、兼家が自分の元にちっとも通ってこないことへの不満や、「今日もあの人は来てくれなかった。他の女のところに行っている違いない、ああ悔しい、悔しい」というような恨み節が赤裸々に描かれています。

性に奔放な平安時代なのだから、右大将道綱母にしても兼家を待たず、違う男を見つけて適当にストレス発散するという方法もあったはずです。事実、当時は他の人と付き合うのも、離婚するのも、いまよりずっと簡単でした。でも、それをせずに、ひたすら彼を待ち続けて嫉妬をし続ける。兼家がそんなに良い男だったとは思えませんが、そのあたりもやはり男女の間でないとわからないことなのでしょう。

この人間臭い表現にあふれた日記を読むと、どんなに身分が高くても、時代が変わっても、男女の間柄というのは変わらないのだなと思わざるを得ません。そのあたりは、平安時代の人々の心の動きを知るという意味でも、非常に勉強になるものです。

『源氏物語』では触れられない名もなき庶民の苦しい日常

このように「恋愛が重要視された時代だった」と説明すると、平安時代は誰にとっても平和なのんびりした時代だと思われてしまうかもしれませんが、実態はそんなことはありません。

平安時代の平和は、あくまで一部の貴族たちだけのもの。庶民まで平和の恩恵を受けていたとは、到底言えないものでした。

平安時代をイメージする上でわかりやすいのが、芥川龍之介《あくたがわりゅうのすけ》が書いた『羅生門《らしょうもん》』という短編です。作中、主人公が羅生門に入っていくと、その中には死体がゴロゴロ転がっていて、痩せた老婆が死体から髪の毛を抜いてかつらを作ろうとしているシーンが描かれます。

この描写は、当時の平安時代を語る上で、決して誇張されたものではありません。貴族たちが優雅な生活を送る一方で、平民たちは住む家もなく、食べるものもない。流行り病で簡単に死んでしまうし、死体がゴロゴロと転がっているような不潔な環境で生きていた。貴族たちが暮らしていた空間とはまったく別ものの世界がそこにありました。

貴族社会の一部ではそうした平和が保たれていたからといって、日本全体が平和な時代だったわけではありません。

『源氏物語』が日本文学の最高峰の作品であることには、僕は異論の余地はありません。しかし、『源氏物語』が平安時代を代表する文学かというと、少しの疑問があります。

同作は平安王朝を代表する文学ではありますが、平安時代の大多数の人々の生活はそこには描かれていません。だから、『源氏物語』が平安時代を代表する作品だとは言いがたい。

平安時代の貴族社会はとにかく狭かったので、僕の推測ではありますが、貴族たちの数はおそらく五百人もいなかったのではないでしょうか。

その小さなコミュニティのなかで『源氏物語』の読者となった人々はもっと少なく、藤原道長や彰子、またはその取り巻きをはじめとする、ごく一部のスーパーエリートだけです。朝廷内でも『源氏物語』の名前を知っている人はいたかもしれませんが、実際に読む機会を持てた人というのはほとんどいなかったのではないでしょうか。

『源氏物語』が貴族の教養として定着するのは、室町時代以降で、それまでは一般的にこの作品が読まれることはありませんでした。

室町時代の貴族たちが娯楽や教養として『源氏物語』を愛した裏には、「ああ、昔は自分たち貴族にもこんな華やかで良い時代があったのだ」と失われたかつての栄光を懐かしむ側面が強かったのではないかと僕は思います。

鎌倉時代に入ってから、徐々に貴族の威勢は失われ、暴力で物事を解決する武士の時代へと移行し、以降、貴族は財産もなければ権力もない形骸化した存在でした。かつてはセレブだった昔の時代を偲《しの》ぶように、多くの貴族たちが『源氏物語』を愛好したのでしょう。

二〇二四年の大河ドラマでも『源氏物語』が取り上げられます。作中で描かれる華やかな王朝絵巻のような世界は存在したかもしれませんが、あくまで非常に限定的な世界であり、裏には名もなき庶民の苦しい日常があったことを、ぜひみなさんにも知っていただきたいと思います。

平安時代の婚姻スタイル・「招婿婚《しょうせいこん》」とは何か

恋愛が重視された平安時代。当時の婚姻制度とはどんなものだったのでしょうか。

先ほどのおさらいですが、エマニュエル・トッド氏の理論でいうと、持統天皇の時代以降、日本の天皇家をはじめとする家族形態は、「単婚小家族」という父・母・子というシンプルな形態から、一人の子どもが親の財産をすべて受け継ぐ「直系家族」と呼ばれる家族形態へと移行していきます。

家族形態が変わるといっても、一代、二代で変わるものではありません。その過渡期に登場した婚姻形態が、平安時代の「招婿婚《しょうせいこん》」だと考えます。

「嫁入り」という言葉に代表されるように、日本では最近まで女性が男性の家に嫁に行く「嫁取婚《よめとりこん》」が根付いていました。一方の招婿婚は、男性が女性のもとに通う婚姻スタイルです。ときには、「妻問婚《つまどいこん》」とも呼ばれます。

招婿婚を提唱したのが、高群逸枝《たかむれいつえ》先生です。高群先生は『招婿婚の研究』という本の中で、平安時代の結婚の内情を明らかにされています。同著によれば、平安時代の結婚の成り立ちは以下の通りです。

まず、「この家には素敵な女性がいるらしい」との噂を聞きつけた男性が、その女性に歌を贈ります。仮にその歌が女性の心を動かせば、女性は男性に返歌を贈る。男女の間で和歌のやり取りが数回行われた後、男性が求愛します。そのとき、女性から「うちに遊びにいらっしゃい」という誘いがあれば、男性が女性の家に忍んでいき、関係を持ちます。

なお、昔の身分の高い女性はだいたい扇で顔を隠しているので、直接会って事前に顔を確かめることはできませんでした。平安時代の恋人同士は契《ちぎ》りを交わす段階で、初めてお互いの顔を確認する。ときにはお互いに「……こんな顔だとは思わなかったのに！」と悲鳴が上がることもあったかもしれません。

でも、一度関係を持ったからといっても、婚姻関係には至りません。二人で一夜を明かした後もお付き合いが続き、女性が「この人は特別に良いな」と思った際に、ようやく女性側の両親が登場します。

女性が両親に「この人が私の選んだ人です」と男性を紹介し、男性も「お嬢さんとお付き合いさせていただいております。どうぞよろしくお願いします」と挨拶をする。この「露顕《ところあらわ》し」という儀式を経て、両親が「この男は良い男だな。よし、うちの娘の婿として認めてやろう」と考えれば、婚姻は成立します。

両親との顔合わせも済んだ後であれば、男性は夜に限らず、時間帯を選ばずに女性の家に通うことができました。仮に二人の間に子どもができたら、母方の祖父母、すなわち女性の両親の家で育てるのが一般的で、その子が成長すると、母方の家の財産を相続することができました。

ここでポイントなのは、招婿婚とは、基本的には女性やその両親がリードして成立する婚姻スタイルだったという点です。また、女性の家で子どもが育つということは、祖母から母へ、母から娘へ……と女系の血筋で家がつながることを意味しています。これらは、当時の女性の存在感が社会的にも大きかったことの証左でしょう。

ですが、ここでひとつ疑問が浮かびます。仮に女性の血筋で家がつながっていたのであれば、当時の家系図も女性の系図で残されてもおかしくない。しかし、この時代の家系図を見ると、天皇家はもちろん、藤原氏や大伴《おおとも》氏もやはり男性の系図しか見当たりません。家自体は女性の間でつながっていくのに、家系図は男性でつながっている。これは、非常にいびつで、不完全な状態です。この不完全さがあったからこそ、家族形態として招婿婚は定着せず、平安時代を過ぎると、現代の私たちが知るような、祖父から父へ、父から息子へ、息子から孫へと男系で代々の家が続いていったのではないでしょうか。

トッド氏の理論を援用すれば、おそらく単婚小家族から直系家族へと日本の家族形態が移行するひと時に、男性が女性の家に通うという婚姻スタイルが発生しました。

大きな歴史の流れのなかで、家族形態のようなものが変化するのにはそれ相応の時間がかかります。事実、その後招婿婚は一五〇〇～二〇〇〇年ほど続きました。その後、その中の一人の子どもが全ての財産を受け継ぐ直系家族へと移行していきます。こうして、大きな歴史の過渡期に生まれた〝バグ〟であった招婿婚は、日本の歴史から姿を消した。僕はそう考えています。

摂関政治から院政《いんせい》へ――その裏にあった婚姻制度の変化

「招婿婚」から「嫁取婚」への婚姻形態の移行は、政治にも大きな影響を与えます。
すでにご説明したように、招婿婚の時代に行われた摂関政治は、天皇の母方の祖父が権力を握る形態でした。繰り返しになりますが、招婿婚は女性側が主導権を持つ婚姻スタイルです。

まさに天皇の母方の家族、すなわち外戚が主導権を持つ摂関政治は、招婿婚の中で母方の政治発言力が高まった末に生まれたものだったのでしょう。

しかし、家族形態が直系家族へと変化し、婚姻制度が招婿婚から嫁取婚へと変化し、母方の存在感が弱まるうちに、摂関政治も力を失っていったのでしょう。もっとも、これは卵が先か、鶏が先かという理論と同じく、婚姻形態が変わったから政治構造が変わったのか、はたまた政治権力の構造が変わったから婚姻形態も変化したのか、その因果関係はわかりません。

しかし、婚姻形態と政治が結びつき、その結果、日本の歴史が変わったことには間違いないでしょう。

女性が主導権を持つ招婿婚から男性が主導権を持つ嫁取婚へと婚姻形態が変わりつつあった頃、天皇の母方の祖父が権力を握る摂関政治から、天皇の父方の祖父や父などの尊属が権力を持つ院政《いんせい》へと移り変わっていきました。

なぜ政治形態が変わっていったのか。大きな理由のひとつは、摂関政治の不安定さにあったのではないかと僕は考えます。先にも述べたように、摂関政治は娘が生まれ、なおかつその娘が天皇の子どもを身ごもることで完成するもの。非常に偶然性に左右されやすい脆弱な政治形態です。

事実、藤原氏は平安時代の後期になると急速に力を失っていきますが、その原因となったのは「次期天皇が生まれなかったから」なのです。

藤原道長といえば、「この世をば　我が世とぞ思ふ　望月《もちづき》の　欠けたることも　なしと思へば」という有名な歌にあるように、摂関政治の最盛期を築いた人物です。その栄華は、宇治《うじ》の平等院鳳凰堂《びょうどういんほうおうどう》を建てた、道長の息子・頼通《よりみち》の時代までなんとか続きました。しかし、この頼通の晩年近くに台頭するのが、天皇の父や祖父が権力を握る「院政」でした。

院政が始まるきっかけとなったのは、皇族の両親を持つ後三条《ごさんじょう》天皇の存在です。

平安時代の歴代の天皇は、藤原氏の母親を持つことが一般的でした。しかし、後三条天皇は、約二百年ぶりに藤原氏を母親に持たない天皇として即位しました。

皇族の血が強い天皇が即位すれば、当然藤原氏の権力は弱体化します。にもかかわらず、なぜ藤原氏は後三条天皇の即位を阻止できなかったのかといえば、藤原氏の血を引く天皇家の男児が生まれなかったからです。まさに、摂関政治が偶然性に頼り過ぎていて、非常に脆弱な政治構造だったからこそ、起こった出来事だと言えます。

藤原氏の緊張感を奪った、「家」に対する希薄な想い

一時は時代の栄華を極めた藤原氏は、なぜ、摂関政治という脆弱な権力体制を使い続けてきたのか。これは僕にとって大きな疑問でした。

その理由のひとつとして思い浮かぶのが、当時の藤原氏の人々には「家」という感覚が希薄であったという仮説です。

鎌倉時代以降の武士の時代では、とにかく「家」をつなぐことが重要視されていきます。

しかし、平安時代の貴族にとっては、「家をつなぐ」という感覚が薄かった。だからこそ、この不安定な政治システムを保持していたのでしょう。

道長にしても、娘に天皇の子どもを産ませようと尽力しましたが、それはあくまで「自分の権力のため」で、「藤原氏の権力のため」ではありません。もちろん、自分の権力を息子に譲りたいという気持ちは少なからずあったでしょうが、本当に家族のことを考えるのならば、自分の娘を好きでもない相手である天皇に嫁がせて、どんどん子どもを産ませようなどとは考えないはず。あくまで「自分の幸せが先。その幸せが、子どもにつながればよい」程度の感覚が強かったのではないでしょうか。

こうした藤原氏の考え方は、自分よりも家が栄えることが大前提で、家が繁栄した上でこそ自分の幸せがあると考えていた、鎌倉時代以降の武士たちとは大きくかけ離れたものでした。

両者の違いの根底にあるのも、やはり婚姻形態の違いでしょう。平安時代の招婿婚は、いかに子どもが生まれようとも、その子は妻の実家にいるわけなので、毎日会うわけでもない。「自分の子」という感覚は、後世よりも希薄だったでしょう。

藤原道長にしても、平等院鳳凰堂を作った跡継ぎの頼通の家のほかにも、違う女性とも関係があり、その間に頼宗《よりむね》という息子が生まれています。道長の死後、頼通と頼宗の家は切磋琢磨し、お互い繁栄していきます。

しかし、これにしても、各家の当主には「自分が偉くなりたい」という気持ちばかりが先立ち、「子孫のために何かを頑張ろう」との気持ちはあまりなかったと思われます。

そんな「家」に対する希薄な想いが、藤原氏の緊張感を奪い、ついには院政を台頭させる要因になったのではないでしょうか。

後三条《ごさんじょう》天皇の「荘園《しょうえん》整理令」によってトドメを刺された藤原氏

これまでは天皇の外戚という立場を利用し、権力を誇ってきた藤原氏ですが、両親とも皇族の天皇が即位したことで、その権力はどんどん削《そ》ぎ落とされて行きました。

決定打となったのが、後三条《ごさんじょう》天皇が藤原氏を弱体化させる切り札として出した、「荘園《しょうえん》整理令」です。

荘園は、平たく言えば当時の貴族たちの私有地を意味します。

日本の朝廷が行う政治は、基本的には律令《りつりょう》に基づいて行われています。律令の大原則には、すべての土地や民は原則的には天皇のものであるという公地公民《こうちこうみん》があります。しかし、時代が進むにつれて、律令上の法の網をかいくぐるような形で、多くの貴族たちが私有地を獲得するようになったのです。そして、その土地から発生する税が、彼らの経済的な基盤となりました。藤原氏も例外ではなく、当時の摂関政治において荘園は生命線のようなもの。藤原氏は、荘園を数多く集めることで、経済的な影響力を誇っていました。

そこで、後三条天皇は藤原氏の勢力をそぐために、荘園整理令を発令しました。これによって、これまではややグレーな荘園も認められていたものの、きちんとした手続きを経ていない荘園はすべて潰し、天皇の公地へと組み入れることにしたのです。

当然ながら、当時の手続きは適当なので、大半の荘園は整理の対象になります。結果として、荘園整理令が出された後、藤原氏が保有していた荘園のうち、三分の一ほどが公地として召し上げられたと言われています。収入の三分の一が減ってしまったことで、藤原氏は大打撃を受け、どんどん弱体化の一途を辿ります。反対に後三条天皇は天皇親政、すなわち皇室の力が強くなるように働きかけます。

藤原氏によって独占されていた朝廷は、後三条天皇によって変革され、その政治は「延《えん》久《きゅう》の善政」とも呼ばれました。

その後、息子である白河上皇《しらかわじょうこう》が、天皇の父方の外戚が上皇として権力を持つ政治を推進し、「院政」が始まります。摂関政治という母方の親族が力を持つ政治から、院政という父方の親戚が力を持つ政治へと、時代が移り変わったのです。

荘園で私腹を肥やし、派手になっていく上皇《じょうこう》の女性関係

後三条天皇は、「公地公民」を打ち出して、藤原氏をはじめとする貴族たちや神社、お寺などの権力を弱体化させるために荘園を否定し、天皇の権力を強化しようとしました。しかし、そんな父の努力にもかかわらず、息子の白河天皇が「自分に寄進するのであれば、荘園保有も問題ない」と言い出したことで、再び貴族たちは荘園を集め始めるようになります。

しかし、あくまで天皇は公地公民を体現する存在でなくてはいけないので、白河天皇自らが土地を持つのは問題がある。そこで、自分は天皇の位を譲り、上皇となって荘園を集めまくりました。

とはいえ、さすがに上皇に荘園が集積するのは体面が悪い。そこで白河上皇は、荘園の寄進先として法勝寺《ほっしょうじ》というお寺を建立《こんりゅう》し、この寺に自分の荘園を管理させたのです。俗に言う、トンネル会社のようなもの。そして、上皇の威光にあやかるため、法勝寺に自分の

荘園を寄付する貴族が続出しました。

荘園が集まったことで、上皇はどんどん私腹をこやし、権力を強化します。男がカネと権力を持つと、当然女性遊びにも手を出すようになります。白河上皇も例外ではなく、数々の女性たちを寵愛するようになりました。

平安時代の天皇の妻といえば、藤原氏で一番身分の高いお姫様でした。逆に言えば、当時の権力の中枢を担う藤原氏の娘であるならば、どんな不美人でも、どんなに相性が悪くとも天皇には拒否する権利はありませんでした。

しかし、上皇の場合は、上皇自身が権力を持っているので、相手の女性を選びたい放題です。藤原氏にこだわる必要もないので、自分の気に入る女性とみれば相手がどんな身分が低い相手であっても寵愛するようになったため、上皇周辺の恋愛は派手になっていったのです。

鳥羽《とば》上皇にトラウマを植え付けた女・待賢門院《たいけんもんいん》

当時の上皇たちのなかでも、人一倍派手な恋愛関係を持った代表格といえば、鳥羽《とば》上皇でしょう。なぜ、鳥羽上皇の恋愛関係が派手になったのかというと、そこには天皇時代に経験した愛憎にまみれた一つのトラウマがありました。

鳥羽天皇が天皇の位についたとき、実権を握っていたのが祖父である白河上皇でした。彼は、自分がずっとかわいがって育てていた女性を孫の皇后に推薦にしました。

その女性こそが、かの有名な待賢門院《たいけんもんいん》璋子（たまこ）です（この時代になると、次第に訓読みが登場してきたため、彼女の名前は「たまこ」と呼びます）。彼女は藤原公実《ふじわらのきんざね》という権大納言《ごんだいなごん》の家に生まれましたが、白河上皇に愛された祇園女御《ぎおんにょうご》という女性の養女になり、上皇に大変かわいがられていたようです。

待賢門院は非常に美しい人だったため、鳥羽天皇はこの婚儀を大層喜んだと言われています。

しかし、鳥羽天皇と待賢門院の間にのちの崇徳《すとく》天皇である息子が生まれた際、妙な噂が広まります。その噂は、白河上皇と待賢門院は男女の関係にあり、生まれた子どもは上皇の子ではないかという内容でした。

白河上皇と待賢門院の年齢差は五十歳近く離れているので、現代であれば、祖父と孫娘くらいの感覚です。現代の女性なら「ありえない！」と絶叫すると思うのですが、何しろ五十代の源内侍と十代の光源氏が恋愛をする時代ですから、あり得ない話ではありません。

先ほど、「藤原高子」に「たかいこ」という名前の読み仮名を振った角田文衛さんという研究者がいるとお伝えしましたが、実はこの方は待賢門院に関する非常にマニアックな研究も残しています。彼は『椒庭《しょうてい》秘抄　待賢門院璋子の生涯』（朝日新聞社）という本の中で、崇徳天皇の父親は誰かを調べるため、当時の貴族の日記をなめるように読み込み、待賢門院の生理周期を完全に特定しています。

その中で、「待賢門院と白河上皇はこの日同じ場所にいたであろう」という日を裏付けた末、崇徳天皇は上皇の息子であるという結論に到達しています。

この説の真偽はさておき、当時の貴族社会では「鳥羽天皇の最初の息子として生まれた崇徳天皇の父は、実は白河上皇である」と噂されるようになりました。この噂が耳に入ったのか、はたまた白河上皇の態度がおかしいと感じたのか、鳥羽天皇本人も「この子は自分の子ではないのではないか」と不信感を抱きます。

仮に崇徳天皇が白河上皇の子であったとしたら、戸籍上は自分の子であっても、事実上は叔父にあたる存在です。そのため、鳥羽上皇は崇徳天皇のことを「叔父子《おじご》」と呼び、辛く当たり、いじめ抜いたようです。しかし、鳥羽天皇は待賢門院を相当気に入っていたようで、崇徳天皇のほかに彼女との間に六人の子どもを作っています。

確かに、この時代の貴族社会は、非常に閉鎖的で限定された空間の中に千人ほどの男女が入り乱れている状態なので、隠し子も大勢いたのでしょう。現に後の時代に活躍する平《たいらの》清盛《きよもり》も、白河上皇のご落胤《らくいん》であるという説があります。本来なら、自分と血がつながっていないかもしれない息子を跡継ぎにするのはおかしな話ですが、当時の日本では高貴な血統「貴種」を尊ぶ風潮がありました。日本で最も高貴な血筋といえば、当然天皇家です。その血筋を重んじ清盛の父・忠盛《ただもり》は、あえて清盛を跡継ぎに据えたとも言われています。

一方で、現代の感覚で考えれば、自分の子どもだと思っていたのに実は別の男性の子の可能性があるとは、非常に心が重い話です。当時の男女の恋愛は相当ヘビーだったはずでしょう。

武士たちが台頭する要因を作った、鳥羽上皇の妻・美福門院《びふくもんいん》

鳥羽天皇の一風変わった恋愛遍歴は、まだまだここでは終わりません。

天皇の位を崇徳天皇に譲って上皇になった後、彼は美福門院得子《びふくもんいんとくこ》という女性と巡り合い、

彼女を寵愛するようになりました。あまりに彼女をかわいがったがゆえに、美福門院は正妻である待賢門院を凌ぐほどの権力を持つようになります。鳥羽上皇は美福門院との間に生まれた躰仁《なりひと》親王を天皇にしたいと思うようになり、すでに天皇の位を譲っていた崇徳天皇に譲位を迫りました。

「叔父子」と呼ばれていじめられていたこともあり、崇徳天皇の心に遺恨は強く残ります。この憎しみによって皇位継承にまつわる支持層が分断され、崇徳上皇と後白河《ごしらかわ》天皇の間で大きな対立が生まれました。そこで、誕生した「話で解決しないのなら、暴力で相手を倒してしまえばよい」との考え方から「保元《ほうげん》の乱」が起こり、強い暴力で物事を解決する武士の時代が到来することになります。

つまり、鳥羽上皇の崇徳天皇への憎しみや美福門院への愛情が、平安の世を終わらせ、暴力の世を引き起こす発端を作ったといっても決して過言ではないのです。

寵愛する女性やその娘たちに、土地を与える上皇たち

院政が進んだ結果、上皇たちがたくさんの荘園を抱えるようになります。そして、大荘

園が生まれたわけですが、おもしろいのがその領主が女性たちであったことです。

まず、鳥羽上皇は自分が寵愛する美福門院が産んだ八条院《はちじょういん》という女性に、自分の持っていた荘園をどんどん与えました。一方、鳥羽上皇の息子である後白河上皇が院政をはじめると、彼も娘である宣陽門院《せんようもんいん》を寵愛し、彼女に荘園を与えるようになります。

八条院が所有した荘園を「八条院領」と呼び、宣陽門院が所有する荘園を「長講堂領《ちょうこうどう》」と呼ぶのですが、その後、この二つの荘園は皇室を代表する大荘園群になります。鎌倉時代の後期には、朝廷は二つの皇統に分かれ、南朝《なんちょう》と北朝《ほくちょう》との争いへと発展しますが、八条院領は後の南朝の荘園となり、長講堂領は後の北朝の荘園となり、両皇統の経済的な基盤になりました。

なぜ上皇は、広大な荘園群を娘たちに与えたのか。一つの理由は娘がかわいかったからでしょうが、もう一つの理由は、当時の女性皇族は結婚できなかったことが挙げられます。

先にご紹介したように、この時代の女性の皇族は、誰かの妻となって幸せに添い遂げることは、ほとんどありません。この流れは、今後、江戸時代まで続きます。

自分の娘に荘園を与えることは、皇室が自らの領地を分散させずに済む方法でもあったのです。領地を今後結婚する子どもに与えた場合は、結婚相手や子どもたちが相続権を主張し、土地が分割されてしまうので、いずれ土地がなくなってしまうリスクがありました。

でも、一人の皇族の女性が死ぬまで荘園を持ち続けていたならば、荘園から得られる税金で豊かな暮らしができるので生活も安泰ですし、亡くなる時には配偶者や子どもへの相続がないので、荘園が分割されないままにしかるべき皇族の誰かに受け継がれていくので、非常に具合が良い。

このようにして、女性の荘園領主が増えていったのです。

大規模な荘園を持っている女性は、政治的な発言権も増していきます。実際、後白河天皇の娘・八条院は、平家に歯向かう武士たちを一生懸命応援していたようで、源頼朝《みなもとのよりとも》をはじめとする源氏の武士たちの蜂起を裏で支えたのではないかとも囁かれています。

平安時代後期には、権力者が一人の女性を愛し、肩入れすることで、その女性や娘が権力を持つことがあった。つまり、愛憎がただの愛憎だけではおさまらず、時には新たな時代を動かす原動力になることもあったのです。

「白拍子《しらびょうし》」という存在――義経《よしつね》の恋人・静御前《しずかごぜん》

平安時代の最後にご紹介するのは、「白拍子《しらびょうし》」と呼ばれる女性たちのエピソードです。白拍子とは、皆の前で舞を披露する踊り子です。彼女たちは「束帯《そくたい》」と呼ばれる男物の衣装を身にまとうので、現代風に言えば男装の麗人。刀を差しながら歌を舞い踊るその様子は、さながら宝塚のようなもの。

しかし、一言で「白拍子」といっても、そこには様々な階級があるのですが、一番多いのは『曽我《そが》物語』などの語り物を、全国津々浦々を回りながら語り伝える歩き巫女《みこ》のような存在です。彼女たちは日本中を旅しながら、新しい村に着いたら人々を集めて物語を語り、少しの食べ物などをもらって生きていました。このように文芸を語る芸を披露して、平安時代末期から鎌倉時代に全国へと広まったのが、白拍子です。

彼女たちは、ときとして権力者の愛人として、愛憎の歴史の影に登場することも多かったのです。そんな白拍子の中でも、特に有名な人物といえば、源義経《みなもとのよしつね》の愛人だった静御《しずかご》前《ぜん》が挙げられます。

義経は最初こそ頼朝と関係性は良好だったものの、次第に頼朝が義経を疎《うと》ましく思うようになり、義経を全国に指名手配します。最初は義経と一緒に頼朝の追っ手から逃げる旅をしていた静御前ですが、途中で、彼女は「私がいると足手纏《まと》いでしょう。もう一緒に逃げられません」と義経に伝え、二人は道を分かちました。その後、静御前は捕まり、頼朝の元へと連れていかれます。

静御前は有名な白拍子だったので、頼朝は「弟の愛人ではあるけれども、鶴岡八幡宮《つるがおかはちまんぐう》での神事で、一つ舞いをやってくれ」と命じます。白拍子は、人前で舞い踊るだけではなく、神事の際に舞を披露する神聖な存在でもあったのです。

静御前は鶴岡八幡宮の神様に奉納する舞を踊る際、義経に対しての恋心を歌いました。いまでも、鶴岡八幡宮には、静御前が舞ったとされる舞殿《まいでん》が残っています。

これに怒ったのが頼朝です。神事の場にもかかわらず、自分の敵である義経への恋心などを聞かされた頼朝は、「不埒《ふらち》もの！」と激怒し、罰を与えようとします。

そんな頼朝をたしなめたのが、北条政子《ほうじょうまさこ》でした。『吾妻鏡』によれば、北条政子は「私が当時罪人であったあなたと結ばれたときも、父が平家にばれることを恐れて、私を家に閉じ込めました。しかし、私は暗い夜道に雨風をしのぎ、あなたのもとへと走りました。石橋山《いしばしやま》の合戦がはじまったときも、伊豆山権現《いずさんごんげん》に留まりましたが、そのときは本当に心細かった。私のあの時の気持ちは、いまの彼女の気持ちと同じです。なんという貞女《ていじょ》でしょう。どうか彼女を罰さないでください」と告げ、頼朝の気持ちをなだめたと言われています。

白拍子は、なぜ権力者の恋人として歴史に登場したのか

白拍子は舞い踊るだけではなく、ときには遊女のような役割を果たすこともありました。人気の白拍子の場合は、天皇などからもお声がかかるので、身分差を越えて権力者とお近づきになることもありました。売れっ子になればなるほど、お客さんには権力者やお金持ちが多かったようです。

たとえば、源頼朝の父・義朝《よしとも》が「平治《へいじ》の乱」で敗れ、関東へ落ち延びたとき。その途中で美濃《みの》の青墓宿《あおはかのしゅく》という場所に辿り着くと、その土地の支配者が元白拍子だったという話もあります。しかもその女性は、源義朝の想い人だったとか。もっとも、一人の白拍子には四～五人くらいの男性がパトロンとして存在したと思うので、彼女が関わりを持った男性は源義朝だけではないとは思いますが。

鎌倉時代の後鳥羽《ごとば》上皇にも亀菊《かめぎく》と言うお気に入りの白拍子がいましたが、彼女の場合は荘園などを受け継ぎ、自分でも十分に財産を得ていました。そのため後鳥羽上皇の死後も安泰だったと言えます。

これを見ても、白拍子が独自に私財や立場を築き、その場所に強い影響力を持つこともあったのがわかります。

ときに、白拍子の中には貴族の妻になる人もいました。鎌倉時代の権力者であった徳大寺では、白拍子の子どもがそのまま跡取りになるケースもありました。

誰かの妻にめとられた時点で、さすがに白拍子という仕事をやめているとは思いますが、仮に白拍子が売春婦のように軽んじられる存在ならば、その子どもを跡取りに据えることはなかったはず。彼女たちはある一定の社会的地位があったと考えるべきでしょう。

ヨーロッパの高級娼婦のような存在だった白拍子

白拍子は、ヨーロッパの高級娼婦によく似ています。ヨーロッパの社交界では、高級娼婦たちは憧れの存在でした。彼女たちは、パトロンを一人に決めて、その人と関係を持つ。

もしパトロンと関係が破綻した場合は、また違う人が「あなたを世話したい」と言い寄り、気に入れば、その人と新たな関係を結びます。

オペラで有名な『椿姫《つばきひめ》』のトラビアータのように、立派な家に住み、使用人を置き、貴族のように優雅な暮らしを送ることができました。僕が考えるに、おそらく日本の白拍子も似たような存在だったのでしょう。

仮に、男性側が白拍子に興味を持っても、その想いが一方的なものであれば、彼女と無理やり関係を持つようなことはできなかったでしょう。白拍子も「この人のこと、好きだわ」と恋愛感情を持ち、お互いの合意が採れた上でようやく男女の関係になったのではないかと思われます。

当時の人にとって、相手の肩書や出自よりも、愛し合っているかどうかが重要だったのでしょう。そのあたりは、江戸時代の高級遊女などとは違う点かもしれません。

鎌倉時代の白拍子と江戸時代の遊女の大きな違いのひとつは、鎌倉時代には性病がなかった点です。江戸時代には梅毒《ばいどく》などの性病が存在していたので、「病気がうつるのではないか」という懸念から、不特定多数の男性と関係を持つ女性はどこか忌諱《きい》されることも多かった。当時の梅毒は、一度かかれば死ぬしかありません。江戸時代は、この梅毒が蔓延《まんえん》したせいで、遊女は病気をもたらす存在だという認識が世の中に浸透してしまいました。

しかし、鎌倉時代の白拍子には梅毒はなかったので、「穢《けが》れがうつる」などと敬遠されることがなかった点も大きいのではないでしょうか。

『平家物語』で描かれる、平清盛と祇王《ぎおう》、仏御前《ほとけごぜん》の「三角関係」

過去の歴史を紐解くと、大きな年齢差がありながらも、恋人関係に陥る男女は決して少なくありません。平安時代末期の代表的な例といえば、『平家物語』などでもおなじみの平清盛と祇王《ぎおう》・仏御前《ほとけごぜん》です。

『平家物語』に出てくる彼らの物語によれば、祇王と仏御前は二人とも白拍子でした。

平安時代末期、『平家物語』にも書かれるように、まさにこの世の春を謳歌していた平清盛ですが、そんな彼が気に入っていたのが祇王と祇女《ぎじょ》という姉妹の白拍子です。特に、清盛が寵愛したのは、姉の祇王。あまりに気に入っていて、片時も離したいとは思わなかったようで、祇王と祇女を自分の住む館に住まわせていたほどです。

現代を生きる我々からすると、姉妹で同じ男性の元に留まるのはややモラルに反するのではと思ってしまいますが、当時は姉妹二人そろって一人の男性のお世話になることもあったようです。

さて、気になる年齢差ですが、この当時、平清盛は五十代、祇王の年齢は十八歳でした。いまなら「それはまずいんじゃないの？」とツッコミが入りそうな年齢差ですが、平安時代を見てもわかるように、この時代は年齢差のあるカップルには寛容な雰囲気があったのでしょう。

しかし、清盛と祇王が共に過ごすようになってから三年ほどが経った頃。十六歳の一人の白拍子・仏御前が清盛の元を訪ねてきます。この頃の白拍子は、権力者の贔屓《ひいき》になることで、名前が売れて発表の場が増えたり、経済的に安定したりすることが多かったため、仏御前もなんとか売れたい一心で、平清盛に「私の歌を聴いて、舞を見てください」と懇願しました。いわば、現代でいう飛び込み営業のようなものでしょう。

しかし、清盛は「呼んでもいないのに、ここまで来るなんてとんでもない！」と怒り、この申し出を拒絶します。

しかし、これに待ったをかけたのが、なんと祇王でした。日々の生活が不安定だったかつての自分を、仏御前の姿を見て思い出したのでしょう。彼女は「せめて一度だけでも呼んであげてください」と懇願します。

祇王のとりなしのおかげで、無事に仏御前は舞を披露することができました。すると、先ほど彼女を邪険に扱ったことも忘れて、清盛はまだ若くてかわいらしい仏御前にころりと参ってしまい、「すぐにでもうちで生活するように！」と彼女を囲い込もうとしました。

清盛の申し出に、仏御前は恐縮します。なにせ祇王が間に入ってくれたからこそ、彼女は清盛に自分の芸能を見せることができたわけです。仮に自分が清盛邸に居座ることになれば、祇王の座を奪うことになる。だから、戸惑った仏御前は「いえいえ、私は帰ります」と清盛に伝えました。

ところが、仏御前に骨抜きになってしまった清盛は「祇王が気になるのならば、追い出してやる」と、さっさと祇王を屋敷から追い出してしまいます。

清盛にそう言われた以上は、館に留まるわけにもいきません。祇王とその妹の祇女は、三年間住んだ館を跡にし、泣く泣く出ていきました。祇王は実家に帰り、母と妹と共に世を儚《はかな》みながら隠遁生活を送るようになりました。

祇王への仕打ちのひどさを儚《はかな》み、仏御前も仏門に

事件があった翌年、清盛から祇王のもとへ使いがやってきます。その使いが言うには「仏御前をなぐさめるために、祇王に歌い踊ってほしい」とのこと。清盛に逆らうわけにもいかないので、彼女は妹の祇女を伴い、かつて自分が住んでいた清盛邸へと向かいます。しかし、いざ行ってみると、その扱いは散々なもの。自分の生涯の儚さを感じながら祇王は、涙ながらに今様《いまよう》（当時、流行した歌謡）を謡い、その歌声は多くの人の涙を誘ったと言われています。

清盛邸を立ち去った後、この世の辛さを儚んだ祇王と祇女は自害を考えますが、母に「お前たちがいなくなっては生きていけない」と懇願され、考えを改めます。そして、俗世との縁を切るため、三人一緒に髪を切って尼《あま》になり、仏門に入りました。このとき、祇王は二十一歳で、祇女は十九歳、母は四十五歳だったそうです。

嵯峨野《さがの》の山里に小さな庵《いおり》を結び、三人で念仏をとなえながら暮らしていると、ある夜、トントンと庵の戸を叩く音がします。「こんな夜更けに誰だろう」と思って戸を開けてみると、そこに立っていたのは仏御前でした。

どうしたのかと祇王が問いかけると、仏御前は「御恩を受けた祇王様を追い出すことになって、本当につらかったです。また、清盛様のあなたへの仕打ちを見たら、私もいつ同じ目に遭うやらと思うとちっともうれしくありませんでした。世の儚さがよくわかりました。今後は私もみなさまと一緒に仏に仕えて暮らしていこうと思います」と言う。そして、頭にかぶっていた布をさらりと取ると、すでに彼女は髪の毛を切った尼の姿になっていました。

なお、この場合、「頭を丸める」といっても、本当にツルツルにするわけではありません。いわゆる「尼削《あまそ》ぎ」という、肩のあたりまで髪の毛を切るという状態です。現代だと、ボブカットなどが近いのでしょうか。

こうして、四人の白拍子たちは、人生をかけて仏道修行に励んだそうです。

清盛と祇王の関係は、恋愛か？　パトロンか？

僕はこのエピソードを聞いたとき、「清盛と祇王の関係性は恋愛ではなくて、パトロンと愛人だ」と、従来通りの受け取り方しかしていませんでした。

平清盛は当時でいえばかなりのオジさんです。祇王や仏御前などの十代の若い女性たちと恋愛関係が成立することは、現代ではまずありえない。清盛レベルのお金持ちだからこそ、パトロンとして彼女たちと関係を持つことができたのだ、と。ロマンチストの私にとって、この関係はあまり理想的なものではないなとすら感じていたのです。

しかし、最近、よくよく『平家物語』を読んでいて、「あれ？」と不思議に思ったことがありました。

祇王は当時でいえば、大人気のアイドルのようなもの。アイドルグループの乃木坂46で例えるなら、祇王は絶対不動のエースだった白石麻衣さん。仏御前は新規メンバーとして参加しながらも絶大な人気を誇る井上和《なぎ》さんのような存在でしょうか。

そんな祇王が清盛の家を追い出されたので、京都の貴族の間にはその噂は瞬く間に広がったことでしょう。清盛にもはや気を遣う必要はなくなったのだからと、「私に世話をさせてくれないか」と祇王を口説く貴族はたくさんいたようなのです。しかし、祇王は全く取り合わず、母と妹と共に仏門に入ることを選びました。

今回のひと騒動で、祇王が人に振り回される世の中が嫌になってしまったから、貴族たちの誘いを断ったという側面はあるでしょう。しかし、僕は、彼女が多少なりとも清盛への愛情を抱いていたからこそ、髪を切って仏道に入ることを選んだのではないかと思うのです。

彼女が「白拍子とはそういうものだ」と割り切って、単なるお金だけのつながりで清盛との関係を結んでいたなら、破局した後も、ほかの貴族の誘いに乗ってもおかしくはなかったはず。でも、それらの誘いを断ち切ったということは、祇王は清盛に対して何かしらの特別な感情を抱いていたのだと思うのです。

清盛にしても、最初に仏御前の誘いを断ったのは、彼なりに「自分には祇王がいるので、別の白拍子の芸能を見る必要はない」と操《みさお》を立てたとも言えます。乃木坂メンバーにたとえるなら、清盛は「自分は白石さんのファンだから、井上さんのグッズは買わないよ！」と伝えたようなものですね。

草食系が多い日本の為政者の中で、例外的だった足利義満《あしかがよしみつ》

どちらの女性も好きなら、ハーレムのように複数の女性を侍《はべ》らせたらよいのに、と思うかもしれません。しかし、日本人は本能的に肉食系男子ではなく、草食系男子が多いよう

で、一人気に入った女性がいれば、その女性だけでも満足する傾向があります。仮に正妻の他に愛人を作ったとしても、せいぜい二～三人程度が関の山です。お隣の国・中国のように、同時に美女三千人を囲う後宮のような存在は見られません。

日本の為政者は草食系が多いのですが、その例外的な存在が室町幕府三代将軍であった足利義満《あしかがのよしみつ》です。足利義満は非常に華やかなハーレムを作りました。

彼は、貴族の女性のみならず、武家の女性、人妻、天皇に仕える女官など、数々の女性たちを囲い込みました。しかし、本書でもすでにお伝えしたように、天皇に仕える女官たちは天皇のお手付き候補なので、本来は手を出すのは許されません。

しかし、こうした人々に手を出しても天皇からは文句を言われなかったのですから、足利義満は天皇に対しても強い権力を持っていたことがよくわかります。

自分の女官に手を出された後円融《ごえんゆう》天皇は、義満本人には何も言えないので、義満と関係を持った女官に八つ当たりし、刀を抜いて追いかけたという情けない話もあります。

日本人の恋愛が淡泊な理由には、個人的には食生活が影響していると思っています。日本人は肉を食べないので、もともとあまりエネルギーがない。羊肉などを大量に食べるイスラム文化圏では、ハーレム文化が栄えたのはわかる気がします。

古代の人にしては精力的だった清盛が、仮に肉食だったなら。祇王も仏御前も同時に愛人にすることで、物事は丸く収まっていたかもしれません。

第3章　源頼朝《みなもとのよりとも》が政子《まさこ》を大切にしたのはなぜか

頼朝《よりとも》にとって重要だった関東の武家との婚姻

鎌倉時代のオシドリ夫婦として知られるのが、鎌倉幕府を作った源頼朝とその妻・北条《ほうじょう》政子《まさこ》です。

たしかに、北条政子からすれば頼朝は恋愛の末に結婚した、大切な夫だったでしょう。しかし、頼朝の視点から考えた場合、実はこの結婚は計算づくのものだったろうと僕は考えています。

鎌倉幕府を立ち上げる以前の源氏は、平家の勢力に追いやられ、まさに孤立無援の状態。源氏の貴公子である頼朝にとって、少しでも強力な後ろ盾が欲しいところです。そこで重要だったのが、婚姻でした。

武士の家では、婚姻は現代とは比べものにならないほど重い意味を持ちます。当人同士だけの話ではなく、二つの家が結びつき、強固な関係性を築くのと同義です。

頼朝の場合は、源氏の嫡流《ちゃくりゅう》の貴公子ではありつつも、自身は流罪《るざい》になり、家は平家に滅ぼされています。自分が力を持つには、どこかの武家の娘と婚姻を結ぶのが最善でした。でも、罪人を婿として受け入れてくれる家があるかどうかが、大きなハードルだったのです。

流罪で伊豆《いず》に流された頼朝は、まずは地元・伊豆で一番大きな武士団である伊東《いとう》の娘と結ばれ、子どもも作りました。本来ならば、そこから頼朝と伊東は深いつながりを持つはずでしたが、ことはそう簡単には運びません。

実は子どもが生まれたのは、頼朝の義理の父にあたる伊東家の当主・伊東祐親《いとうすけちか》が、京都に単身赴任している間のことでした。京都から帰ってきてみると、自分のかわいい娘が赤子を抱っこしている。「いったいどうなっているのか」と確認すれば、自分が京都に出張している間に頼朝との間に子どもができたと聞かされます。

京都に出張していた祐親は、当時の平家がどれだけ強い力を持っているかをよくわかっていました。この時代に平家に逆らう男を婿《むこ》に迎えるなんてありえません。そこで祐親は、頼朝と娘の仲を裂き、二人の間にできた男の赤ん坊も殺してしまいました。頼朝自身も命を狙われたため、命からがら逃げだします。

部下の機転で成立した頼朝と政子との結婚

頼朝にしてみれば、自分なりに計算を立て、伊豆で一番大きな伊東という家の娘と子どもをなすまでに至ったにも関わらず、失敗した。「やっぱり俺は簡単には認められないんだな」とよくわかったのでしょう。

そのとき、彼は「もう結婚してくれるならば、どこでもいいや」という心理に陥ったのかもしれません。大物狙いから一転、自分が流されたエリアから一番近い武家の娘にアプローチをしようと考え、選ばれたのが適齢の娘がいる北条家でした。

頼朝は、北条家にラブレターを書き、北条家の娘をデートに誘います。男性と女性がデートすることで恋愛が始まるのは、昔も今も変わらないようです。

そして、自分が書いたラブレターを頼朝の家来である藤九郎盛長《とうくろうもりなが》（彼は、十三人の合議制の一人で、後に安達《あだち》盛長と名乗るようになります）へ託し、「これを北条のお嬢さんのところへ持っていってくれ」と伝えます。ここで肝心なのが、実は頼朝が最初にラブレターでデートに誘ったのは、政子ではなくその妹だったという点です。

ラブレターを託された藤九郎盛長は、北条の館へと向かいました。しかし、途中でふとこんなことを考えました。「北条の家にはお姉さんもいたよな……。お姉さんのほうは気が強くてなかなか嫁に行かないみたいだし、とても気風《きっぷ》のよい人だから、頼朝さまと相性がいいんじゃないか」と。

そこで、藤九郎盛長は、姉の政子宛てにラブレターを持っていきます。

ラブレターを受け取った政子は、「あら、これは私宛てじゃなくて、妹宛てのものじゃない？」とすぐに気づいたはず。

しかし、彼女はラブレターを妹に渡すことはしません。当時の関東は本当にド田舎だったので、京都の都会からやってきた二、三歳年上のシティボーイがラブレターくれたことに、政子は大層喜んだはず。また、頼朝は当時としては、割とイケメンな人だったと言われています。たしかに、都から来たのでその風貌は洗練されていたでしょう。

そこで彼女は、「せっかく私のところにこの手紙がきたのだから、私が頼朝様と結ばれちゃえばいいじゃない」と、頼朝の求愛を受け入れました。

しかし、頼朝のほうも、基本的には自分の味方になってくれれば相手は誰でもいいので、「本来の狙いとは違うけれども、政子でいいか」と結婚することを決めたのです。

父親の北条時政《ほうじょうときまさ》は、最初この婚姻には反対しました。

当時は平家の専制時代なので、頼朝に近づいた武家は淘汰される危険性がある。頼朝を手伝うことで謀反《むほん》を疑われてもおかしくありません。時政は頭のキレる男なので「何か変なことがあったら、平家の恨みを買って、北条家は皆殺しになるぞ」と思ったのでしょう。

しかし、政子は「どうしても頼朝さまと結婚したい」と言って譲らない。娘の惚れ込みぶりをみて、時政のほうも次第に態度を軟化させます。

「このままでは自分はうだつの上がらない一武士で終わってしまうだろう。いま関東の武士たちは、平家や朝廷に反感を持っている。時流が変わるきっかけさえあれば、多くの武士が頼朝を支持するに違いない。それなら、頼朝と娘との結婚に賭けてみるか」

そんな博打《ばくち》の気持ちが高まったのか、最終的には政子と頼朝の結婚を承諾しました。

頼朝が政子を大切にすることで引き出した関東武士の忠誠心

当時、北条政子は二十一歳くらいです。現代では若いですが、当時だと結婚するにはやや遅い年齢でもありました。北条家は小さい家なので「この家と縁を結びたい」という武士も少なかったので、政子に来る縁談自体は多くなかったのでしょう。

また、北条政子は当時の尺度ではあまり美人ではなかったのだろうと思われます。仮に美人であれば、小さな家の武士だとしても「あそこにはキレイな娘さんがいる」と評判になり、縁談はたくさん来るものです。すでに二十代まで結婚しなかった理由は、きっと外見が理由だろうと考えられます。

しかし、頼朝からしてみれば、不美人でも構いませんでしたし、むしろ孤立無援の中で自分を認めてくれる女性・政子に、深い愛情を抱いたでしょう。男というものは、若い頃ほど、まだ自分が何者なのかがよくわからないものです。未来もわからないし、実績もない。そんな不安定な状態のなかで、自分を認めてくれる女性というものは、その存在だけでありがたいわけです。流人《るにん》であり、何の実績もない自分でも、受け入れ、結婚してくれた政子には、頼朝は「何らかの形で一生恩返ししたい」という気持ちを持っていたことでしょう。

さらに、頼朝にしてみれば、政子と結婚できたことは、「関東武士」への大きなアピールにもなりました。

政子は関東武士としてはさほど有力な家の出ではありません。しかし、その家の娘と結婚し、大切にするということは、頼朝が「自分はあなたがた関東武士の皆さんと一緒に生きていく覚悟があるのです」と絶えず周囲に発信しているのと同じことです。

頼朝は京都生まれの京都育ちで、清和《せいわ》源氏の血筋をひく由緒正しい家柄の人間なので、鎌倉幕府ができた後は、関東のド田舎などにおらず、京都へ帰ってもよかった。

でも、頼朝がそんな選択肢を捨てて、関東の武士たちとの生活を選び、北条政子という関東武士の娘の典型のような女性と共にいる。このことは、関東の武士たちからすれば「頼朝さまは俺たちとずっと一緒にいてくれるんだな」という忠誠心を引き起こすのに十分な効果があったでしょう。

頼朝と政子の婚姻関係は、北条氏にとっては生命線

政子との子どもを、源氏の跡取りにしている点も、頼朝の愛情が感じられます。我々の感覚だと、早く生まれた男子が跡継ぎになる印象がありますが、この時代はより高貴な家柄の女性から生まれた男児が跡取りになる風潮がありました。頼朝も三男ですが、母は京都に仕える貴族でもあった熱田大宮司《あつただいぐうじ》の娘です。だから頼朝は生まれ落ちたときから、兄二人を差し置いて、跡取りになることが決まっていました。

政子は立派な家の出身ではないので、頼朝の考え方次第では、都からお姫様を連れてきて正室にして、その姫との間に生まれた子どもを源氏の跡取りにしても、まったくおかしくありませんでした。

でも、頼朝がその選択をしなかったことからも、政子という女性の存在を非常に尊重していたことがわかります。

一方の北条政子にしても、頼朝以外の他の男性との結婚は考えられないほど、夢中だったようです。有名なエピソードとして語られるのが、政子の妊娠中に頼朝が浮気したとき、政子は愛人の家に家来を派遣し、その家を徹底的にぶち壊したとか。

この話を聞くと、「妊娠中に浮気をするなんて信じられない！　政子の行動も当然だ」と思う方は多いかもしれません。

政子が嫉妬心のみならず、他の女性を寄せ付けないようにしていた裏には、「頼朝とのつながりが切れることに対する恐れ」があったのでしょう。

北条氏は家自体がさほど大きくはありません。鎌倉幕府ができた後、北条家が幕府で発言権を持っていたのは、婿である頼朝とつながっているからこそ。

つまり、頼朝と政子の婚姻関係は、北条氏にとっては生命線です。仮に頼朝が変な女にうつつを抜かし、大切なつながりがおびやかされてしまっては困ります。

政子からしてみたら、「愛人ができては女性として腹が立つけれども、仮に頼朝と女性の間に何かあっては我が家の父や弟にも影響が及んでしまう。北条家は私が背負っているのだ」という意識もあったはず。だからこそ、変な女が頼朝の周りに出現したら、ひねりつぶしてやるという気概は持っていたのでしょう。

好きだ、嫌いだという感情以上に、北条家の命運が自分と頼朝の関係性にかかっているから、ライバルに対しては厳しかったのだと僕は思います。こうして、結婚後も、政子は肝っ玉母さんとして北条家の屋台骨を支え続けました。

政子と結婚できていなければ、鎌倉幕府は存在しなかった？

もし、頼朝が北条政子に結婚を受け入れてもらえなかったなら、三浦《みうら》氏など、関東武士の誰かの娘をもらおうと画策していたでしょう。しかし、仮に頼朝が政子以外の人と結婚していた場合、果たして鎌倉幕府の成立にまで至っていたかは甚《はなは》だ疑問があります。

まず、頼朝が無事に鎌倉幕府を建てられた背景には、義父の存在があります。義父の時《とき》政《まさ》は腕っぷしは強くはありませんが、頭は切れる人です。最初の義理の父だった伊東祐親と比べても、鎌倉幕府を作る上では欠かせない人材でした。仮に他の家の娘をもらった場合、北条家のようにしっかりと家族ぐるみで頼朝をサポートしてもらえたかは別の話です。

そして、北条政子自身が、人間として非常に優秀な人なので、色恋だけではなく、家族や政治のことも考えてサポートしてくれました。そんな女性をパートナーにできたのは、頼朝にとってとても理想的だった。

しかし、それだけしっかりして、実家への強い意識を持つ女性だからこそ、気付けば嫁ぎ先である源氏よりも実家に肩入れするようになり、最終的には北条家は源氏よりも大きな権力を握るようになる……というのは、みなさんがご存じの通りです。

鎌倉時代は女性の権力が強く、尊重されていた

では、鎌倉時代の女性たちの社会的地位とは、どんなものだったのでしょうか。

私たちは「人権意識が薄弱な昔のほうが女性たちの地位も低かったのではないか」と思いがちです。でも、実は、鎌倉時代の女性たちは、権利をしっかりと持ち、社会的な地位

もそれなりに高かったと言われています。

たとえば、北条政子などは、そのよい例でしょう。仮に、当時の女性の役割が高く評価されていなかったのだとすれば、頼朝の死後、北条政子には誰も見向きもせず、その言い分を聞こうなどとはしなかったでしょう。しかし、実際問題として、北条政子は頼朝の死後も大きな発言力を持っていましたし、御家人はみんな彼女のことを尊重していました。

これを見ると、北条政子が例外だと考えるのではなく、鎌倉時代は女性の権力が強く、女性全般が尊重されていたと考えるほうが自然でしょう。

当時の武家社会にとって、一番の表芸は武芸、すなわち軍事です。たしかに軍事に関しては、巴御前《ともえごぜん》のように自分で兵を率いて前線に立つ女性は鎌倉時代においても例外的な存在で、大半の女性は基本的な武力では男性にはかないません。だから、男性よりも女性の方が弱い立場に置かれることが多かったのは否めません。しかし、それ以外の部分では女性の存在が軽視されていたわけではなく、権利を持っている部分はきちんと持っていました。

たとえば、財産相続にしても、男性だけではなく女性も対象になります。

もちろん、直系家族の家族形態の中では、財産の多くは跡取りが引き継ぐものの、女性にもきちんと分け前を与えるケースが多かったようです。たとえば、どこかの有力者の家ならば、自分の死後も娘が生活を成り立たせられるようにと、父が娘に村を一つ、二つ分ほど遺すことも多々ありました。

鎌倉時代に荘園を管理する存在だった地頭《じとう》の中には、女性も存在します。

地頭の役目は自分の土地を守るため、有事の際には戦いに出なければいけません。それゆえ、僕は長年にわたって「女性の地頭は成立しないのでは？」と思っていたのですが、たとえば、夫が若いうちに不慮の事故などで亡くなってしまった場合、妻が地頭になることはたまにあったようです。

仮に戦力として地頭の役割が求められた際、本人が行かなくても、女性の地頭が自分の代わりに誰かしら戦地に行ってくれる代理を立てられるのであれば、問題はなかったのです。

妻の実家に義理立てして、亡くなった毛利《もうり》季光《すえみつ》

当時の女性の存在感の高さについて、そのよい事例となるのが、三代将軍・実朝《さねとも》に仕え

た御家人・毛利季光《もうりすえみつ》にまつわるひとつのエピソードです。

毛利季光は、現在、神奈川県にある毛利台《もうりだい》に所領を持っていた人物です。彼は鎌倉幕府を支えた大江広元《おおえのひろもと》、つまり文官の息子ながら、「武士になりたい」という憧れを持ち、子どもの頃から武芸に励んで生きてきました。その後、彼は立派な武士になります。

季光はやがて結婚し、関東の御家人としては非常に有名な家である三浦氏《みうら》から妻を娶《めと》ります。すでにお伝えしたように、当時の武家にとって婚姻は大きな力を持っていました。

その家の娘が誰かの妻になるということは、婚姻によって家と家が結びついたことと同じ。季光の父である大江広元は幕府で文官としてはナンバーワンの地位を築いていたので、有力武士の三浦氏とは家の格も釣り合いは取れており、非常に理想的な結婚だったでしょう。

ところが、季光の義理の実家である三浦が、時の権力者である北条と戦うという困った事態が起きてしまいます。宝治《ほうじ》年間に起きたこの合戦が、世にいう一二四七年の「宝治合戦」です。この戦いは時代の歴史を変えるような、本当に大きな大事件でした。

鎌倉時代の前半はこのような戦いが頻繁に起こっていたので、武士の間で陣営が二つに分かれて戦わなければならないとき、「どちらに味方しようかな?」と悩むことも多かったようです。

季光も、両者の戦いを知った際は、「これは北条が勝つな」と先を読み、北条に味方しようと馬を走らせました。当時の武士たちの間では、勝ち馬に乗るのは当然の行いなので、季光がそう考えたとしても決しておかしな行動ではありません。

しかし、道中、彼は考えます。自分の妻は三浦から来ている以上、妻の実家を助けないのは道理が通らない。仮にこの後、自分が北条に味方し、生き残れたとしても、武家社会ではその名誉や評判は地に落ちるだろうと。

「あいつは嫁の実家を助けなかったやつだ」「あいつは男の風上にも置けん」と言われては、生きていても仕方がない。負けて命を失うのは覚悟の上で、嫁の実家である三浦を助けないといけないのではないか。そう思った季光は、途中で道を変え、三浦の陣営に味方することを決めました。

結果、北条に楯突《たてつ》いた三浦は負け、滅びます。

残念ながら季光も、敗者側の有力な武士として自害を迫られます。そして、毛利の家は相模国《さがみのくに》の本領を失うことになりました。

しかし、いくつかの所領をその後も保有し続けており、一族の中には鎌倉を遠く離れた広島県の領地に行く人もいれば、新潟県の領地へと向かう人もいたようです。そして、広島に行った毛利家の中から生まれたのが、戦国武将として名を馳せる毛利元就《もうりもとなり》という人物でした。

仮に、当時、妻という存在が軽んじられていたのであれば、関東武士の毛利一族が広島に行くことにもならなかったでしょう。

妻を介した家と家が結びつく力は非常に強い。そして、家同士の結びつきと同様に、妻が持つ力が非常に強かったからこそ、季光は三浦に味方をしなければならなかった。仮に、妻、すなわち女性が軽視されていたのであれば、季光は自分の予測のもとに北条家に味方していたはずです。武家社会で妻の地位が重視され、存在をないがしろにすることは不名誉であったのだということを、この事例から見て取ることができるのではないでしょうか。

女性は合戦の埒外《らちがい》に位置するのか？

ひとたび武士が戦《いくさ》に出たら、命をかけ、相手を殺すまで戦います。しかし、相手の武士の命を奪っても、その武士に関連する女性や子どもに手を出すことはなかったようです。

「源平の戦い」で平家が滅びた時も、鎌倉幕府側の武士たちは平家の女性たちを殺すことはありませんでした。

一三三三年には当時北条家のトップだった北条高時《ほうじょうたかとき》以下、八百八十余名が鎌倉の東勝寺《とうしょうじ》跡《あと》で揃って腹を切るという事件がありました。この場所は、「腹切りやぐら」との名称でいまだに残っています。

しかし、このときも、女性や子どもの命は助けるという原則は生きています。八百八十余人の男性たちが自害した際も、彼らの娘や妻たちは北条の故郷である伊豆の韮山《にらやま》に帰って余生を過ごし、それぞれ天寿をまっとうしたと言われています。

しかし、その兆候も時代による部分があり、鎌倉時代くらいまでは女性たちは命を助けられるのですが、戦国時代には女性であっても命を絶たれることが増えていきました。

しかも、それは武士の家だけに限りません。たとえば、京都の貧乏貴族が食い詰めてしまい、地方の大名家を頼って生活の面倒を見てもらうことが多々ありました。しかし、頼った先の大名が謀反などを起こされて家臣などに殺されてしまうと、その家で厄介になっていた貴族のお姫様や子どもも一緒に殺されたとの事例もあったようです。

しかし、例外もあります。大坂夏の陣で豊臣家が滅びたとき、豊臣秀頼《とよとみひでより》に嫁いでいた千《せん》姫《ひめ》は殺害されることもなく、江戸幕府に帰ってきています。一応戦国時代以降においても女性の命を奪うのはよくないという感覚はあったのでしょう。

頼朝の娘を嘆き悲しませた木曽義高《きそよしたか》の殺害

子どもも命だけは助けられることが多かったようですが、男の子は殺されてしまうこともありました。

有名なのが平高清《たいらのたかきよ》、通称・六代《ろくだい》でしょう。平清盛のひ孫にあたり、平家の貴公子であり、サラブレッドです。しかし、平氏滅亡後、六代はまだまだ十代の子どもでした。鎌倉幕府としても、こんな子どもを殺すのは寝覚めがよろしくない。僧侶の文覚《もんがく》による助命嘆願が出されたこともあり、しばらくの間、六代は殺されずにおかれていましたが、彼が大人になったら処刑されてしまいます。

若いときは生き延びられても、元服していれば殺されてしまうのです。

同じようなことが、ほかにもあります。

「源平合戦」で大活躍した木曽義仲《きそよしなか》が源頼朝と対立したとき、義仲は争いを回避するために、自分の子どもである義高《よしたか》を頼朝の元へ人質として送り、頼朝の長女の大姫《おおひめ》という少女と婚約させました。

大姫はすごく早熟な女の子だったので、幼少期から「義高さんが私の夫になる人だ」ときちんと理解していました。しかし、その後、木曽義仲と源頼朝の対立関係がより明確になると、頼朝の命令によって兵を動かした弟・義経《よしつね》に木曽義仲が討たれてしまいます。

当時の武士のルールからすれば、父が敵として討たれてしまった以上、その子どもである義高も殺されて当然です。頼朝は「義高も殺す」という非情な決断を下します。

もし、まだ元服していないなら、ある程度の年齢まで生かすとの選択もあったかもしれませんが、義高はすでに十二歳を過ぎて元服《げんぶく》していました。十代前半は私たちの感覚ではまだまだ子どもでしたが、元服していればこの時代は大人扱いになるので、「命を助ける」という選択肢がなくなり、殺されてしまいます。

大姫は自分の将来の夫が殺されないように、色々と手を打ったようですが、結局義高があっさりと殺されてしまったことに大きなショックを受けます。その嘆きや悲しみは、尋常なものではなかったようです。

日本版「椿姫《つばきひめ》」、「応仁《おうにん》の乱」の源となる

室町《むろまち》時代にも、白拍子のような高級遊女に近しい存在がいました。この女性たちは非常に人気があるため、大名クラスのステータスのある男性でないと相手にしなかったとも言われています。彼女たちは、一定期間Aという権力者とお付き合いしたら、次はBという権力者とご一緒する。さらに、Cさんとも関係を持つ……などと、いろんな人とお付き合いしていたようです。子どもができたら普通に生んでいたようですが、別の男性と次々とお付き合いするので、生まれた子どもたちの父親が全員違うこともあったとか。

そして、こうした高級娼婦の存在が、室町幕府終焉《しゅうえん》の大きな一因になったことを皆さんはご存じでしょうか?

キーパーソンとなるのが、室町幕府で大きな権力を持った大名・畠山持国《はたけやまもちくに》です。当時の室町幕府には、現代でいう総理大臣のような「管領《かんれい》」という役職がありました。この管領になれるのは、室町幕府内で強い権力を持つ斯波《しば》、細川《ほそかわ》、畠山《はたけやま》の三家のみ。

その三つの家の中でも、畠山家は一番の新興勢力でした。畠山家は割と新参者で、畠山持国の父である満家《みついえ》の頃に大きく力をつけ、それを引き継いだ息子の持国が六代将軍・足《あし》

利義教《かがよしのり》の晩年からその後の時代に活躍し、畠山家の全盛時代を築いたのです。

あるとき持国は高級遊女と関係を持ち、男の子が生まれます。持国にはほかに子どもがいなかったので、「男の子が産まれたのだからこの子を跡継ぎにしよう」と思ってもおかしくありませんでした。しかし、彼は最初はそうしなかった。

相手の女性は高級遊女なので、複数の男性と関係を持っている以上、生まれた男の子が自分の息子ではない可能性があったからです。

一応、いまはこの女性がお付き合いしているのは自分だけのはずだけれども、もしかしたら知らないところで他の男とも関係をもっているかもしれない。

子どもが生まれたものの、その子が本当に自分の子なのかは確証が持てません。仮に待望の男の子が生まれたからといって、自分の跡継ぎにする気にはならない。そう考えた持国は、生まれてきた子どもを寺院に送り、出家させ、僧侶にします。その代わりに、自分の甥っ子を跡継ぎにしました。

成長した息子との再会が、日本を揺るがす大騒動に

それから月日が流れ、十数年。あるとき、畠山持国が自分の子どもを預けたお寺に立ち寄る機会がありました。すると、自分にそっくりな少年が目に入ります。驚いた持国は「あれは誰だ。すごく自分に似ているじゃないか」と尋ねます。すると、かつて自分が寺に預けた息子だと判明する。このとき、持国は「あの子は本当に俺の子だったのか」と確信したのでしょう。

他人の子である可能性があった子が、実は自分の子だった。

それがわかった持国の頭には、「本当にこの子が自分の息子ならば、やっぱり息子に継がせたい」という気持ちが浮かんだのでしょう。すでに跡継ぎに甥っ子を指名していたにもかかわらず、前言撤回して自分の子どもを跡継ぎに据えることを家臣たちに発表しました。

困るのが、家臣団の武士たちです。跡継ぎは甥の政長《まさなが》だと思っていたからこそ、これまで散々彼に近づいて、ゴマをすったり根回ししたりという下準備を済ませてきました。

畠山家では、政長の覚えの良さによって家臣内のヒエラルキーが生まれていましたが、

その状況を、家臣はある程度受け入れていたはずです。

ところが、いきなりお殿様が甥っ子の政長ではなく、自分の息子を跡継ぎに据えると発表し、家臣たちのヒエラルキーを一気にぶち壊すような爆弾発言をしたわけです。これまで政長に接近していた家臣からすれば、怒り心頭だったでしょう。

反対に政長へのゴマすりに失敗していた人たちは、「じゃあ、息子の義就《よしひろ》さんに取り入ろう」と頑張るようになります。

持国が生きている間は、義就派と政長派の間に漂う微妙な均衡は保たれていたようですが、持国の死後は、息子派・甥っ子派の間で高まっていた不満が一気に爆発。畠山家は真っ二つになり、従兄弟同士による跡継ぎ争いが始まってしまいました。

この争いが元で起こったのが、室町幕府最大の戦と言われる「応仁《おうにん》の乱」です。

畠山持国の実子である義就には実力者の山名《やまな》が味方し、甥の政長には管領の細川《ほそかわ》が味方しました。これによって幕府の勢力も真っ二つになって、応仁の乱が始まります。一四六七年から一四七七年までの十一年間という長きに渡って戦が行われ、京都の街は焼け野原に。さらに、応仁の乱によって幕府の権力が弱まったことが原因で、後に群雄割拠《ぐんゆうかっきょ》の戦国時代へとつながっていきます。

「自分の子か？」と疑う男たちの悲しい性

応仁の乱の発端に触れるたび、僕が考えずにいられないのが男性の性についてです。男性とは非常に悲しい生き物で、自分の子どもが生まれた際、果たしてその子が本当に自分の子なのかとの確信を持つことができない。もちろん現代であればＤＮＡ鑑定ですぐにわかるわけですが、この時代にはまだそんな科学的な手法はありません。

女性側は、自分自身のお腹から生まれてくるわけだから、間違いなく自分が母親であることはよくわかっている。また、誰が父かはだいたいわかっているでしょう。しかし、男性側にしてみれば「自分の顔に似ているか」「その期間、妻が別の男性と確実に接触していないとわかっている」などという不確かな証拠でしか、生まれた子どもが自分の子なのかを確かめるすべがありません。

応仁の乱だけではなく、後世にも自分の子どもと信じられなかったがゆえに、愛せなかった事例は多々あります。

たとえば、徳川家康《とくがわいえやす》は長男の信康《のぶやす》を自分の跡取りにしようと考えていましたが、信康は織田信長《おだのぶなが》の命令で切腹させられます。順番的には、次なる徳川家の跡取りは、子どもの中で一番年長者である次男の秀康《ひでやす》が該当します。

しかし、家康は、どうしても秀康が自分の子だとは思えず、愛することができなかったようです。結果、二代目将軍となったのは三男の秀忠《ひでただ》でした。秀康側からすれば、生まれてきたのに疑いをもたれ、かわいがってもらえないというのはたまったものではありませんが、家康のように「本当にこの子が自分の子なのか、確信が持てないから、後継者からはずす」というケースは多々あったようです。

このように疑いが発展し、ときには応仁の乱のような大騒動に発展してしまうことがあった。まさに男女の愛憎が歴史を変える瞬間だと言えるでしょう。

第4章　戦国時代の英雄と剛毅な妻たち

四国に日本版「夏姫《かき》」がいた？

歴史上、美しい女性は何かと騒動の種になりがちなものです。有名なところでは、春秋《しゅんじゅう》時代に中国に存在した女性・夏姫《かき》などの女性がいます。なお、日本の場合は高貴な家に生まれた女性のことを「姫」、すなわち「プリンセス」と呼びますが、中国では意味合いが違います。中国では、漢字二文字でその女性のことを表しますが、二文字目の漢字は、実はその人が生まれた家の姓を指します。夏姫の場合の「姫」は、周《しゅう》王室の姓である「姫（き）」を意味します。夏姫の場合は、周王室の血を引く鄭《てい》の穆公《ぼくこう》の娘であり、夏御叔《かぎょしゅく》に嫁いだから「夏姫」と呼ばれていたのです。

この夏姫について、作家の宮城谷昌光《みやぎたにまさみつ》先生が『夏姫春秋』という本で書いていますし、僕自身は海音寺潮五郎《かいおんじちょうごろう》先生の著作で夏姫の半生を知りました（とはいえ、『中国妖艶伝』（文春文庫）ではなかったようです。なんという作品だったのかは思い出せません……）。

夏姫はとにかく絶世の美女だったので、彼女を巡って多数の争いが起きたため、「傾国の美女」として知られました。彼女にまつわる数々の色恋沙汰は大変興味深いのですが、何よりも強く興味をひかれたのがその年齢です。どう考えても彼女が最後の色恋沙汰に巻き込まれたときは、軽く五十代を超えている。

これは、とにかくものすごくモテる女性だったとしか考えられません。現代でいえば、七十代を超えてもおキレイな女優の吉永小百合さんのような方だったのでしょう。

究極の美魔女といえる夏姫ですが、かつて日本の戦国時代にも夏姫のような美魔女が存在しました。

彼女の名前は小少将（こしょうしょう）です。ちょっと変わった名前ですが、女性の名前としては歴史上よく使われる名前です。たとえば越前《えちぜん》の国の戦国大名である朝倉義景《あさくらよしかげ》の妻で斎藤兵部少輔《さいとうひょうぶしょうゆう》の娘も、小少将という名前です。

ここで取り上げる小少将は、徳島県の有力武家で西条東城《さいじょうひがしじょう》城主の岡本牧西《おかもとぼくさい》の娘です。そして、この女性こそが、まさに戦国時代の「夏姫」ともいえる人物でした。

彼女は、最初、阿波《あわ》の国の武家のトップで守護大名の地位にあった細川持隆《ほそかわもちたか》の妻になりました。持隆との間に、真之《さねゆき》という息子を産みます。このとき、おそらく彼女は十五歳前後。ところが、一五五三年に持隆が、阿波の実力者である三好実休《みよしじっきゅう》に殺害され、未亡人になってしまいます。

その後、彼女はどうするかというと、持隆を殺害した本人である実休の妻になります。

おそらくこの頃、彼女は三十歳くらいだったでしょう。

実休は、織田信長《おだのぶなが》以前の京都の覇者として知られていた三好長慶《みよしながよし》の弟です。かつて三好《みよし》義賢《よしかた》と呼ばれていたのですが、正しい歴史史料では本当に義賢と呼んでいたのかがわからなくなったため、法名として使っていた実休という名前が使われるようになりました。いわば、武田信玄《たけだしんげん》の「信玄」と同じようなものです。

「法名があるということは、出家しているはず。お坊さんなのに、結婚していいのか?」と思われた方もいるかもしれませんが、当時の武将たちは、別に頭を丸めたからといって女性との関係を絶つわけではありませんでした。これは上皇が出家して法皇になったときと同じです。

さて、話は本題に戻りますが、この三好実休が、当時、形だけのトップであった細川持隆を殺害し、阿波の国(徳島県)の実権を握ります。そして、実休の正室として小少将は彼の元に嫁に行き、二人の間には三好長治《みよしながはる》と十河存保《そごうまさやす》などの三人の男児が生まれました。

しかし、結婚して九年ほど経った一五六二年、実休も戦死してしまいます。

四国の権力者と次々と結婚した「小少将《こしょうしょう》」

またもや夫を失ってしまい、次は頭を丸めて尼にでもなるのかと思われた小少将ですが、三十九歳の頃、三好実休の家臣であり、阿波《あわ》・木津《きづ》城主だった篠原自遁《しのはらじとん》という人物と結婚します。なお、自遁とは実休が存命の頃から不倫関係にあったとも噂されています。現代では三十九歳という年齢はまだまだ若いですが、「人生五十年」と言われる時代に再婚を果たすとは、彼女の美魔女ぶりは相当なものだったのでしょう。

そんな中、自分が細川持隆との間に産んだ細川真之と、三好実休との間に産んだ三好長治という二人の息子が、阿波国を巡って殺し合いを始めてしまいます。父は違うものの、母は同じ。自分のかわいい息子二人が殺し合いを始めてしまったので、小少将の心持ちたるやどんなものだったでしょう。

細川真之は異父弟を倒すために、四国・高知県の有名な実力者であり、後に四国を統一する勢いを見せる長宗我部元親《ちょうそかべもとちか》の助力を得、三好長治を追い詰めました。そして、一五七七年、長治は二十五歳で戦死します。

このとき、小少将は五十四歳です。彼女がどうなったかはよくわかっていませんが、一説によれば彼女は長宗我部元親の側室になって、長宗我部右近太夫《ちょうそかべうこんたいふ》という息子を産んだという説もあります。

しかし、小少将の年齢を考えると、五十代という年齢で子どもを産み、育てるのはなかなか大変です。たまたま元親の側室に同じ名前の人がいただけで、我らが小少将が彼の側室となり、子どもを作ったという話はウソではないかと思います。

なお、小少将の子とされる右近太夫は、長宗我部元親の五男です。神社で働く宮守《みやもり》として働いていましたが、兄の盛親《もりちか》が元親の後を継いだ後、関ケ原《せきはら》の戦いでは西軍についたため、右近太夫も大坂《おおさか》の陣《じん》が始まると大坂城に入り、徳川と戦います。しかし、結局、豊臣《とよとみ》方が敗れ、盛親は切腹。小少将が生んだ右近太夫も兄と一緒に腹を切らされたと言われています。

四国の権力者と次々に関係を持ち、そこに関連する相手はことごとく亡くなっていく。まさに、春秋時代の夏姫さながらだと言えるでしょう。

『男衾三郎絵詞《おぶすまさぶろうえことば》』にみる、日本における美人の定義

美人の話をしたとき、多くの人が気になるのは「当時はどんな人が美人とされたのか」。当然現代とは感覚が違います。

しかし、当時の美人とされていた人が、現代人からみて不美人かというと、決してそういうわけでもありません。たとえば、浮世絵の美人画などを見ると、「この絵の通りの人がいたら美人とは言えないだろう」と思いがちですが、明治の頃に撮影された美人で誉れ高い芸者や遊女の写真を見ると、私たちの感覚から見てみても、確かに美人が多い。

現代に残る絵巻物や浮世絵は、あくまでデフォルメしたものに過ぎず、本当は現代にも通じる美人だったのではないか……とも思ってしまいます。

しかし、その一方で美人の定義として面白いのが鎌倉時代後期に成立した『男衾三郎絵詞《おぶすまさぶろうえことば》』という史料です。この物語は、簡単に言えば継子《まま こ》いじめの物語です。

武蔵《むさし》の有力武士、男衾三郎は、兄の忘れ形見である少女を養うことになりました。その少女が、なんと絶世の美少女。叔父に引き取られた彼女は、さまざまないじめに遭いますが、結局若い公達《きんだち》、すなわち王子様に見初められて幸せになるというお話です。

なお、このような継子いじめの物語は、平安時代から存在するので、当時はそれだけ継子いじめは身近なものだったのかもしれません。

なお、この物語には観音様信仰の要素も入っています。観音霊験譚《かんのんれいげんたん》、要するに神様仏様に信心をするといいことがありますよというストーリー展開も、当時はよくあるものでした。『男衾三郎絵詞』は、「継子いじめ」と「観音霊験譚」の二つの要素が詰まったハイブリッドな作品です。

気になるのが、この『男衾三郎絵詞』の絵です。

絶世の美少女の絵を見てみると、いわゆる引き目・かぎ鼻に加えて、あるかわからないような小さなおちょぼ口にしもぶくれの顔、長い黒のストレートヘア。すなわち「おかめ」でした。「おかめ」が美人とされるのは、『平家物語絵巻』や『源氏物語絵巻』などでも同様なので、特に気にはなることではありません。

問題は、不美人の描かれ方です。親を亡くした薄幸の美少女に対して、継子いじめをする家の娘は、物語の都合上、非常な醜女《しこめ》として描かれています。ところが、その子の様子を見ると、髪の毛は、まるでパーマをあてたようなウェーブするくせっ毛。続いて、目はぱっちりしているし、鼻も高い。私たちの感覚からすると、「あれ、こっちのほうが美人なんじゃないの?」と思ってしまいます。しかし、当時の感覚では、こちらはあくまで醜女です。

この絵巻を見ると、人間の美的な感覚は時代と共に移り変わるものだということが、よくわかります。

美しいとされた、なだらかなボディライン

顔の造りだけではなく、体型に対する美意識も、当時の感覚とは少し違っていたようです。現代では、グラビアタレントなどを見ていても、胸もお尻も大きく、腰がくびれた女性が美しいとされる傾向があります。

ところが、江戸時代の美人は和服が似合うことが重要だったので、美しいとされる体型も大きく違います。和服をきちんと着ようとすると、女性は腰回りにさらしをぐるぐると巻くことでくびれ部分を膨《ふく》らませ、胸をつぶし、できるだけ寸胴体型にする必要があった。胸の豊かな人は「鳩胸」と呼ばれ、あまり見映えの良いものとはされませんでした。お尻がバーンと張り出している人も「出っ尻」と呼ばれて嫌がられました。

現代とは反対で、胸も尻もボリューム感がなく、ボディラインができるだけなだらかなほうがスタイルがよいとされていたのです。

性的に好まれる部分も、現代とは違ったようです。浮世絵の春画には、男女の性交が多々描かれているので、それらの作品から当時の趣向を窺《うかが》うことができます。

その中で興味深いのが、胸に対する性的な関心の薄さです。現代では女性の胸は男性にとって大きなセックスアピールになりますが、浮世絵を見ると、当時はそうではなかったのではと思わざるを得ません。

たとえば、複数の男性が同時に一人の女性のさまざまな体の部位を責める春画がありますが、女性の唇にキスをしたり、交わったりという描写はあるものの、誰一人として胸は触っていない。その他の春画でも、乳房を愛撫する図案は全体的に少ない。ここからも、江戸時代の男性は、もしかしたら胸にはあまり興味がなかったのではないかと推測されます。

落語でも、泣く赤ん坊に対して母親が「腹が減ったのか」といって、ボロンと自分の胸を人前でさらけ出して乳を与える描写もあるように、胸は他人に見せてもさほど恥ずかしいものではなかった可能性もあります。

当時のお姫様が、裸体を見られても恥ずかしがらない理由

身体的な羞恥心《しゅうちしん》についても、現代とは感覚が違った部分も多いでしょう。

たとえば、当時のお姫様は、自分の裸体が他人に見られても、あまり恥ずかしがりません。なぜなら、高貴な家のお姫様は子どもの頃から自分で着替える習慣がありませんでした。「はい、腕をあげてください」「次は着物を脱がせます」などと、お付きの人に着せ替え人形のように着替えさせられるのが当たり前なので、小さい頃から人前で裸になることには慣れている。だから、恥ずかしいという感覚は現代人よりも希薄だったでしょう。

現代ではあけっぴろげに性について語ることは少ないですが、当時の高貴な人々にとっては、子どもを作り、家をつなぐことは非常に大切な仕事でした。だから、男女の性交についても、あまり恥ずかしがっている様子がありません。

江戸時代の徳川将軍レベルになれば、子づくりが一番大切な仕事です。だから、将軍たちは大奥の女性たちと一夜を共にするときは、必ず他の女性がその寝所に侍《はべ》り、将軍と女性たちの性交の様子をチェックしていました。

これには様々な理由があると思いますが、夜伽《よとぎ》の相手をする女性が将軍に無茶なお願い

事をしないかどうかを監視する意味合いも大きかったのです。たとえば、将軍に愛されている女性が、閨《ねや》で二人きりになっているのをいいことに「私の兄をお召し抱えになってくださいませんか」「私の弟を大名にしてくださいませんか」などとおねだりする可能性もあります。これらは将軍の夜伽相手としては、一番やってはいけないとされていたので、お付きの女性たちが寝所での会話をきちんと聞き、ルール違反をしていないかを確認していたのでした。

私たちの感覚では、肌をパートナー以外の人に見せた上に、なおかつ性行為の様子をつぶさに監視されるのは、なんとも恥ずかしいことですが、当時の人々はあまり気にしていなかった可能性も高い。将軍にしても粛々とお勤めを果たすだけで、性行為に対する燃えるようなロマンティックな感情はなかったかもしれません。

秋田県に美人が多いのは、佐竹《さたけ》家の仕返しか？

美人にまつわるエピソードとして、もう一つ付け加えさせてください。

日本にはいくつかの美人の産地がありますが、その一つとして知られるのが秋田県です。

「秋田美人」との名称も有名ですが、なぜ秋田に美人が多いのか。秋田は湿度も高くて日照時間も少ないので、肌がきめ細やかで美しい人が多いというのがよく言われる理由のひとつですが、面白い仮説のひとつが「佐竹《さたけ》家の仕返し説」です。

佐竹家は、八幡《はちまん》太郎《たろう》義家《よしいえ》という源氏のスーパースターの弟をルーツに持つ武家のひとつ。現存する武士の家では一番古いとも言われる由緒ある家です。平安時代中盤、義家の活躍によって、源氏は武家の棟梁《とうりょう》としての地位を固めることができました。この八幡太郎義家の弟である新羅《しんら》三郎《さぶろう》義光《よしみつ》から、代々連なり、源頼朝と同じ清和《せいわ》源氏の一族として知られるのが佐竹家です。

戦国大名の武田《たけだ》信玄《しんげん》などでも知られる武田家も、新羅三郎義光から派生した家です。武田家は将軍になってもおかしくない高貴な血筋を持っていますが、残念ながら織田信長によって、信勝《のぶかつ》の代で滅びてしまいます。

一方の佐竹はその後も生き残り、現在の茨城県である常陸国《ひたちのくに》で強い勢力を持ちました。佐竹の城があった常陸太田《ひたちおおた》市は、水戸黄門《みとこうもん》が隠居した地としても知られています。

平安時代後期くらいから戦国時代まで、佐竹は常陸国で強い権力を誇り、戦国時代には勢力が南下して水戸《みと》周辺を治めるようになります。また、賢かった佐竹家は、豊臣秀吉《とよとみひでよし》が勢力を広げると、秀吉に頭を下げて家来になり、常陸水戸で五十四万石の大名になります。

長年にわたって常陸国の殿様として知られてきた佐竹家ですが、「関ヶ原の戦い」以降、雲行きが怪しくなります。関ヶ原の戦いの際、佐竹家は明確には徳川家康の敵に回ることはないものの、東軍につくか西軍につくか、どちらかはっきりとした意思は表明しませんでした。

天下分け目の戦いの後、徳川家康は、佐竹家のふるまいに対してどう対処するべきかをかなり悩んだようです。結果、佐竹家はお家取りつぶしにこそならなかったものの、領地を半分に減らされ、秋田の地へと転封されます。

いうなれば、一族全員が左遷されたようなものです。

何百年も滞在した常陸から雪深い秋田へと飛ばされる。この結果は当然佐竹にとってはおもしろいものではありません。しかし、徳川が将軍になった以上、文句を言うこともできない。何か意趣返しができないか。

そこで、佐竹が考えたのは、常陸国にいる美女をみんな集めること。そして、美女たちを秋田へと連れて行き、現地に住まわせたとか。その結果、秋田は美人の産地となり、茨城には美人が少なくなったとの逸話があります。

本当の話かはわかりませんが、歴史学者たちの間で交わされる面白い噂の一つと言えるでしょう。

パエリアを日本で最初に食べたキリシタン大名・大友宗麟《おおともそうりん》の愛憎

現在の九州は七つの県によって成り立っていますが、戦国時代の九州は九つに分かれていました。当時、九州で名前を馳せた大名といえば、大友宗麟《おおともそうりん》です。宗麟は豊後国《ぶんごのくに》（現在の大分県）を中心に、九州九カ国のうち六カ国にまで影響力を伸ばした有力大名でした。キリシタン大名としても有名で、日本で最初にパエリアを食べた人ではないかとも言われています。

そのほか、知られるのが彼の離婚騒動です。宗麟は、八幡奈多宮大宮司《はちまんなだぐうだいぐうじ》の家系の娘と結婚しましたが、妻としては、夫・宗麟がキリスト教に傾倒していくのを快くは思わなかったようです。そのため、二人の間では夫婦げんかが絶えませんでした。

正直、双方、早く離婚したいと思っていたでしょうが、宗麟が信奉するキリスト教カソリックは離婚を認めません。その後、自殺騒動などで揉めた後、ようやく離婚が成立したとのエピソードもあります。

　こうした逸話こそ多いのですが、宗麟自身に優れた政治手腕や軍事的な才能があったという話は、あまり聞くことはありません。

　なぜ、そんな大友宗麟が大きな支配力を持つことができたのか？　その理由は貿易です。日本が海外などと貿易する際に受け入れる玄関口は、九州の博多です。中国、朝鮮半島、東南アジア、欧米など外国からの文化が来るのは、北九州が中心でした。

　大分は、昔は豊後と呼ばれ、南蛮《なんばん》貿易の玄関口だと考えられていたようです。

　宗麟はキリスト教との縁も深かったため、たくさんの南蛮船が豊後府中《ぶんごふちゅう》にやってきてもおかしくはない。実際、大友氏の拠点であった大分の発掘調査を見てみると、チャイナタウンがあったり、外国人が大勢居住していたり、高級な出土品が出てきたりと、非常に栄えていたことがわかります。その形跡から見ても、宗麟の得ていた利益は、おそらく膨大なものだったのでしょう。

　南蛮との交易の中では、鉄砲などの武器も直接買い付けできるし、経済的な利益を潤沢に得ているので政治でも無理をする必要はありませんでした。だから、軍事的な謀略や政治的手腕がなくても、いろんな形で他の大名を圧倒する力を持っていたのでしょう。

時の利や地の利によって大友家全体が力を持った時期、その時に当主だったのが宗麟だったということなのでしょう。

島津《しまづ》の侵攻から城を守った女性・妙林《みょうりん》

しかし、大友による九州支配のパワーバランスが、一変する出来事が起こります。それが、一五七八年の「耳川《みみかわ》の戦い」です。これは、信長が本能寺で亡くなる四年前のことで、大友宗麟が現在の宮崎県・日向国《ひゅうがのくに》を侵攻し、薩摩《さつま》の島津《しまづ》家を相手に戦った争いでした。

この戦いには大友家の重臣が大勢参加しましたが、耳川《みみかわ》周辺での島津の作戦が見事にハマり、大友は大敗。しかも、家を支えてくれていた重臣たちがみんな討ち死にし、後々にまで響く大打撃をくらいました。

絶対的な九州の王者だと思われていた大友家の敗北は非常にインパクトが強く、ほかの九州の大名たちに「もう大友の時代は終わったのではないか」と思わせたと言われています。

結果的に、この戦い以降、九州の覇権は大友の時代から島津の時代へと移っていきます。

耳川の戦いから八年後の一五八六年。島津家は大軍を率いて、大友の本拠地である大分県、豊後国に攻撃をかけ、大友方の城を攻め落としていきます。

その中で、島津の武将である野村文綱《のむらふみつな》ほか三千の軍勢が、大分城すぐそばにある鶴崎城《つるさきじょう》へと襲い掛かったとき、見事にこの城を守り抜いたのが吉岡妙林尼《よしおかみょうりんに》という女性です。妙林の夫は、大友の重臣の一人である吉岡家の人間でしたが、耳川の戦いで戦死。鶴崎城自体は、本当は妙林の息子が城主でしたが、当主である息子は戦いに駆り出され、宗麟と一緒に臼杵《うすき》城に籠城していたので、彼女が代わりに城主名代《みょうだい》を務めていたのです。

島津軍三千人が攻めてきたとき、妙林は女性ながら鉢巻きをしめて戦います。しかし、長引く戦いにお互いが疲弊する中、彼女は「落城もやむなし。私は殺されても仕方がない。だけど、城の兵たちを助けてくれ」といって、島津軍と和睦《わぼく》します。

その結果、野村たちもその降伏を受け入れ、城内に入ります。一応和睦を結んだ両者は、盃を酌み交わして、ドンチャン騒ぎをします。

ところが、その後、豊臣秀吉が島津を攻めるため、大軍で九州へ押し寄せるという話が入ってきます。すると、島津は「大友を倒すのは後回しにして秀吉に備えなければ」と、兵を一度全部退却させることにしました。

それを聞きつけた妙林は、一計を案じます。まず、和睦の印にと言い含め、島津たちにしこたま酒を飲ませました。その後、妙林はほろ酔い状態の島津軍を乙津川（現・大分県大分市）のあたりで待ち伏せし、奇襲をかけます。

島津軍は妙林とは和睦を結べたと思い込んでいたわけなので、攻撃され、大きな打撃を受けます。島津軍を率いた武将の野村文綱も大きな傷を負って逃走し、陣地に戻って絶命したと言われています。

妙林は女性ながら城をも守った人物として、大分ではいまだに非常に有名で、お土産物など様々なキャラクターにもなっています。

日本唯一の女性城主・立花誾千代《たちばなぎんちよ》

九州には、とにかく強い女性が多いのですが、その中で欠かすことができないのが、大友家の重臣の一人であった立花道雪《たちばなどうせつ》の娘・誾千代《ぎんちよ》です。彼女は日本でおそらく唯一の女性城主として知られた人物です。

彼女について語る前に、まずは父である立花道雪について触れましょう。彼は、非常に戦《いくさ》上手な人物として広く知られています。そんな道雪には、刀にまつわる逸話があります。若いころ大木の下で涼んで昼寝をしていたら、急な夕立があり、雷が落ちた。そのとき雷神が現れ、道雪は枕元にあった愛刀・千鳥《ちどり》を抜き、雷神を切ったというのです。結果、彼は足が不自由になったようですが、その時に用いられた刀だと言われる千鳥は、雷切丸《らいきりまる》と改名され、現在でも柳川《やながわ》にある立花博物館に残っています。その刀を見ると、少し先端が焦げているようにも見えなくもありません。なお、漫画『NARUTO』に出てくる忍術「千鳥」が、時として「雷切」と呼ばれるのは、立花道雪の逸話が元になっているのだと思われます。

立花道雪は、こうした武勇伝が残る名将で、大友を支えるすばらしい働きをしたため、北九州を任されていました。

北九州を治めるということは、莫大なる資金を守ることと同じです。南蛮貿易で栄えた豊後府中は大友本家が治める一方で、博多は非常に大切な貿易拠点でした。その博多を守る城こそが、立花道雪が治めていた立花山城《たちばなやまじょう》だったのです。

この城は、もともとは立花という別の家が治めていたのですが、大友に反逆したことで大友に潰されてしまいます。その後、大友が立花山城に後釜として据えたのが道雪でした。

当時、道雪自身は戸次（べつき）という苗字でしたが、大友宗麟の命令で立花家を継ぐことになり、立花道雪と呼ばれるように。もっとも彼自身は、戸次道雪と名乗り続けており、一生のうちで立花姓を名乗ったことはなかったようですが、その後も、立花山城と博多の街を守りながら、大友のために北九州を統治し続けました。

島津と大友が戦った耳川の戦いの時にも、立花道雪には博多を押さえる大事な役目があったので、参加していません。もしも彼がいたら耳川の戦いで大友が負けることはなかったのではないかとの話もあります。

先に触れたように、耳川の戦い以降、大友の勢力は下り坂になっていきましたが、道雪は主である大友宗麟を一生懸命支え続けました。

歴史学者の間でも異論の余地がない正当な女城主

武勇で知られる立花道雪には、ひとつ悩みがありました。それは、跡継ぎがいないことです。

散々悩んだあげく、彼は自分の娘である立花誾千代に城を継がせようと決めました。当時、いかに子どもであっても女性に城を譲ることはありません。しかし、誾千代については文書がはっきりと残っており、彼女が日本唯一の正当な女城主であることは、歴史学者の間でも異論の余地はありません。

女城主というと、NHK大河ドラマ『おんな城主 直虎』の影響で井伊直虎《いいなおとら》を思い出す人が多いかもしれませんが、井伊直虎はおそらくは男性で、若いうちに戦死したようです。女城主・井伊直虎はあくまでフィクションのものです。

先ほどの吉岡妙林尼も、鶴崎城の女城主と言えないことはありませんが、それはあくまで息子が臼杵に行っている間に城主代理を務めたに過ぎません。

ほかにも、妙林のような実質的な城主はたくさんいます。たとえば、北政所《きたのまんどころ》といわれる通称・おね（ねね）もそうです。羽柴《はしば》秀吉を名乗っていた頃の豊臣秀吉の城は、滋賀県の琵琶湖の湖畔にある長浜《ながはま》城でした。しかし、秀吉は戦いに次ぐ戦いの日々である上に、あちこちで女性を囲っていたとんでもない人だったので、長浜城自体は、おねが全てを取り仕切って政治を行い、経済を回し、若い家臣を育てていきました。家臣たちの中には、秀吉よりもおねのために戦うという意識を持つ人がたくさんおり、その中の何人かが、加藤《かとう》清正《きよまさ》や福島正則《ふくしままさのり》のように立派な武将へと成長していったのです。

実質的にはおねは完全なる女城主だったでしょう。ただし、正式な城主は秀吉なので、彼女は女城主とは言えません。

このように多忙な夫や無才な夫を持った場合、妻が城主として頑張るパターンは多々ありますが、文書の上で、確実に「この人は女城主だった」と確かめられるのは、立花誾千代一人だけです。彼女は父親から立花城を受け取った際、立花家に伝わる様々な宝物も譲られています。まさに父からの財産を全部譲られた、確固たる女城主だったのです。

誾千代《ぎんちよ》の夫は、勇猛さで知られる戦国大名の立花宗茂《たちばなむねしげ》

そんな立花家に養子として入り、誾千代の婿として迎え入れられたのが、かの有名な立花宗茂《たちばなむねしげ》でした。立花宗茂は、「戦国時代で誰が一番強い武将だったか」という話になると、必ず名前の挙がる人物です。仮に「家来は三千人に限る」という状況下で戦ったなら、彼は一位、二位になれる武将だったでしょう。

しかし、宗茂が立花家に養子に入った際、道雪が行ったスパルタ教育はとんでもないものだったようです。

まず、死罪を申し付けられた罪人に刀を渡し、二人一組にして「あいつを斬り殺したら命だけは助けてやる」と殺し合いをやらせる。そんな凄惨な様子をまだ少年だった宗茂に見せては、「よく見ておけ」と言いつけ、彼の勇敢さを高めようとしたこともあったようです。

またあるときは、道雪は宗茂を裸足にして山道を歩かせたそうです。地面に落ちたイガに入った栗を踏んだ宗茂が、「痛い！」と足をどけようとすると、道雪は「痛いと言ってはいかん」と言って、イガを踏んだ彼の足を上からぐいっと踏んだとか。

今なら虐待で通報されてもおかしくない所業の数々ですが、そんな環境の中で道雪は少年・宗茂を育てていきました。その後、宗茂が誾千代の夫になった様子を見届けてから、彼は亡くなりました。

父の肝入りで結ばれた二人ですが、その夫婦仲はなんとも難しいものでした。

最初は、誾千代もしっかりと夫を支えていこうとする気持ちはあったのかもしれませんが、勇敢な武将・道雪の娘であった彼女も相当気が強かったらしく、ことあるごとに夫婦は対立。あまりうまくいかなかったようです。

別居状態だった宗茂と誾千代

そんな二人の仲の悪さを決定的にする、ある事件が起きました。

それは、島津に攻められた大友宗麟が秀吉に助けを求め、秀吉が島津を征伐するために大軍で九州へと押し寄せてきたときのこと。立花宗茂は立花山城を島津の軍勢から見事に守り切ったのですが、そんな彼の雄姿を見た秀吉が「お前は見どころがある。大友の家来をやめて俺の家来になれ」とヘッドハンティングしたのです。

秀吉の家来になった宗茂は柳川《やながわ》に一二万石を与えられ、城主になります。

しかし、誾千代は、夫が柳川の城主になったことが気に入りません。「お父さんから大友にしっかり仕えろと言われたのに、なぜ勝手に大名になってしまうのか。しかも私が父から受け継いだ大事な立花山城もとっとと捨ててしまうなんて」と相当怒ったようです。

その仕返しか、誾千代は柳川城には入らず、柳川城のすぐそばに家を建てて、宗茂とは別居するようになりました。彼女は家付き娘なので、こんな状態になっても宗茂が新しい女房をもらうわけにもいきません。実際、誾千代が生きている間は、宗茂は新たに妻を迎えてはいません。仮に夫が優秀で、妻にも城を守る気概が十分にあっても、夫婦間がうまくいかないことは、当時も少なからずあったのでしょう。同じく妻に大変な目に遭わされている夫として、僕自身も共感せざるを得ません。

その後、立花宗茂は、秀吉の部下として、朝鮮出兵に参加し、高い功績を上げました。

その後、彼の人生を変えたのが「関ケ原の戦い」です。秀吉に強い恩義を感じていた宗茂は、関ケ原の戦いでは豊臣率いる西軍に味方。戦に負けた後、家康に領地もお城もすべて没収されてしまいます。

何も財産を持たない浪人になった宗茂は、大坂周辺で暮らすことに。しかし、強い人望があったので、「殿が一文無しになってしまったのだから、俺たちが食わせなければ！」と、家臣たちに食べさせてもらっていたようです。

その後、彼の人生が大きく変化したのは、徳川二代目将軍の秀忠《ひでただ》との出会いでしょう。実は秀忠は戦などの武勇伝が大好きな人物だったので、勇猛さで名を馳せた宗茂は彼の大のお気に入りになりました。

その結果、少しずつ領地をもらうことになり、最終的にはかつて自分が城主だった柳川の城を取り戻すことができました。石高《こくだか》自体は十万石だったので以前の石高には二万石ほど足りませんでしたが、関ケ原の合戦で城や領地を取られてしまった武将たちの中で、宗茂は唯一かつての自分の領地を取り戻した戦国武将になったのです。

一方の誾千代はどうなったのか。宗茂は部下からの信望も厚く、人格的にも優れた人でしたが、夫婦の仲は相変わらず悪かったようで、誾千代は浪人になった宗茂とは行動を共にせず、柳川のすぐ隣の熊本県にいる加藤清正に面倒を見てもらいながら、腹赤村《はらかむら》という場所で生活を送っていたようです。

そして、宗茂が浪人をしている間に、誾千代は不遇のうちに亡くなってしまいました。

離れ離れに暮らしてはいたものの、妻が死んだという訃報を立花宗茂は重く受け止めたのでしょう。柳川の城に戻った後、彼が最初にやったことは、妻の誾千代の墓を建てることと。このとき柳川に建てられたお墓は非常に立派なもので、いまでもその地に残っています。

その墓がある寺は、柳川のある筑後《ちくご》の国では最も格式の高い寺です。なお、そこの寺を治める僧侶は、戦国時代で一番格の高い大名だった蒲池《かまち》家の一族が代々継承しています。この蒲池家からは、松田聖子《まつだせいこ》さんやZARDの坂井泉水《さかいいずみ》さんなどの日本を代表するアーティストが生まれていることは、実は意外と知られていません。

武田・北条・今川の同盟とその背後にいた女性たち

本書では何度か、武家の間では婚姻が大きな意味を持つことをお伝えしてきました。

それゆえ戦国時代には、婚姻を通じて、協定を結び、家同士の均衡を保つという試みがなされたことがあります。その代表的なものが、戦国時代に関東甲信越や東海地方で強い力を持っていた武田家と北条家と今川家の有力大名三家の間で結ばれた和平協定「甲相駿《こうそうすん》三国同盟」です。

武田は山梨県の大名で、今川は静岡県の大名。そして、北条は神奈川県の大名でした。領地も近く、一歩間違えば対立が起きそうな三家でしたが、お互いの利害が一致したことが、同盟を結ぶ契機になりました。

まず、武田信玄や北条氏康《ほうじょううじやす》は越後《えちご》の上杉謙信《うえすぎけんしん》という共通の敵がいたこと。そして、今川《いまがわ》義元《よしもと》は三河国《みかわのくに》を攻め取りたいとの想いがあり、武田や北条といった脅威が一時的とはいえ消え去ることは、都合がよいものだったのです。

戦うと、それぞれが抱く目的を達成することはできなくなる。だから、お互いに「領土を侵害しない」「他の大名に攻められたら協力する」などのルールを決めた同盟を組もうと考えたのです。

とはいえ、単なる口約束だけでは、相手を信頼しきれません。戦国時代に同盟を組む場合、一番簡単なのは新たな人の絆を作ること、すなわち婚姻で家同士の結びつきを強くすることです。

そこで、今川、北条、武田の三家の娘たちを、それぞれ嫁がせることで、姻戚関係を結びました。今川義元の娘・嶺松院《れいしょういん》殿は、武田信玄の跡継ぎとなる義信《よしのぶ》の妻になり、北条氏康の娘である早川《はやかわ》殿は、義元の息子・氏真《うじざね》の元へ嫁に行き、信玄の娘・黄梅院《おうばいいん》殿は氏康の息子である氏政《うじまさ》の妻になりました。これにて三国同盟が締結されたのです。

込み入った婚姻関係が結ばれ、当初は均衡を保っていた三家ですが、途中でそのバランスは大きく崩れていきます。

まず、今川義元が織田信長に「桶狭間《おけはざま》の戦い」で惨敗します。次の当主となる氏真は、義元に比べると才能に欠けており、かつては今川家の捕虜になっていたはずの徳川家康《とくがわいえやす》が自立し、一大勢力として影響力を持ち始めるなど、今川家には凋落《ちょうらく》の影が落ちていったのです。

「塩」を確保したかった武田信玄

その状況を見たとき、まず動いたのは武田信玄でした。

信玄は「なぜ領地を広げるか」という目的に立ち返ったのでしょう。領地を広げるにしても、ただ闇雲に広げるだけでは意味がありません。一体、自分はなぜ領地を広げるのか。そのとき、武田信玄が欲しかったのは、海です。信玄が持っていた領地は現在の山梨県と長野県にあり、どちらも海がありません。海がないと困るのが、塩がとれないことです。塩は人間の生活に欠かせないものなので、独自に何かしら塩を獲得する手段はないかと信玄は考えていたはずです。

先日、僕は山梨県の塩山《えんざん》市という街を訪れたのですが、内陸地ながら、かつてここでは塩を取ることができたそうです。また、同県の韮崎《にらさき》には、塩川《しおかわ》という川があります。こちらも、一部塩が混じったしょっぱい水が流れる場所があるのだとか。

内陸部であっても、塩が出る場所は一部あったものの、他の地域から商人を通じて交易で塩を手に入れることが多かったため、確実に十分な塩を得る手段が欲しいと信玄は思ったのでしょう。なぜなら、周辺大名たちが結託して、「武田には絶対に塩を売るな」などと言われてしまったら、国が干上がって倒れてしまうからです。

「敵に塩を送る」ということわざがありますが、この言葉の謂《いわ》れになったのも、三国同盟が破れた後、今川と北条が武田への塩の供給をストップしようとしたら、上杉謙信が「いやいや、それでは甲斐国《かいのくに》の人々が困ってしまうではないか」と言って塩を送ったというエピソードが元になっています。江戸時代の作り話だと言われていますが、当時、それほどまでに塩は大切なライフラインのひとつだったのです。

塩を得るために、武田信玄は海が欲しかった。今川の盤石《ばんじゃく》な体制が崩れつつあると知ったなら、そこに攻め入って、駿河《するが》湾を手に入れたいと考えるのは自然な流れでしょう。

妻のために、同盟破棄に反対した武田義信《よしのぶ》

今川の領地が欲しいと思えば、武田は、三国同盟を破棄する必要がある。

信玄がこの考えを実行に移そうと考えた際、同盟破棄を強固に反対したのが、跡取り息子の義信《よしのぶ》です。

大前提として、義信には「三国同盟は保ち続けたほうが武田家の利益になる」という意

識があったでしょう。加えて、義信と嶺松院殿の夫婦仲が非常に良かったことも要因だったでしょう。仮に今川と敵対関係になった場合、妻とは離婚する必要があります。もっと言えば、「今川に送り返すのも面倒くさいから殺してしまうか」と強硬手段を取られる可能性もあった。だから、父である信玄に同盟破棄を反対したのでしょう。

しかし、結果的にはその反対によって、信玄と義信の親子の溝はどんどん広がり、最終的には信玄は跡取り息子の義信を自害させることになります。

息子が自害した後、信玄は三国同盟を破棄し、今川の治める駿河《するが》へと攻め込みました。

信玄がいかに海を欲していたかの根拠は、この際の攻め込み方にも表れています。仮に、ただ単純に信玄が駿河国を自分のものにしたかった場合、支配の拠点をどこに置くかというと、今川がずっと拠点をおいていた現在の静岡市、駿府《すんぷ》が一番都合がよいはずですが、信玄は、海により近い江尻《えじり》城という場所を拠点にしました。

長年欲しいと思っていた海を手に入れた信玄でしたが、その裏には「妻と離れたくない」という息子・義信の犠牲がありました。唯一不幸中の幸いだったのは、義信の死後、嶺松院殿は信玄に命を奪われることなく、今川の元へと帰れたことでしょうか。

落ちぶれた夫を見捨てなかった妻の鑑《かがみ》・早川殿《はやかわどの》

もとは政略結婚から始まった三国同盟ですが、それら婚姻の中でも純愛を貫いたのが、今川氏真と北条氏康の娘・早川殿でしょう。

先にも触れたように、今川家の後継者である今川氏真は、あまり出来のよい人物ではありませんでした。それゆえ、海を欲した武田信玄に、みすみすと国を奪われてしまいました。

当初、北条氏康は「三国同盟を破った武田信玄は許せない」と、北条の兵を率いて武田と戦う今川氏真に味方しましたが、その甲斐もなく、北条は、駿河《するが》を武田にとられ、遠江《とおとうみ》を徳川に奪われてしまいます。いかに北条が動いても、ここまで今川が弱体化してしまうと、助けようにも助けられません。

北条は武田と戦うため、一時的に上杉謙信と手を結んだものの、もともと北条と上杉は敵同士。結局氏康の後継者である北条氏政《うじまさ》の代には「上杉と手を組むのは嫌だ。やっぱり武田と手を組んでいたほうがいい」と、北条と武田の同盟が復活してしまいます。

哀れなのは、今川氏真です。自分の国を全部失った彼は、全国各地を放浪します。幸いなことに、氏真は蹴鞠《けまり》の名手だったので、織田信長に呼ばれて蹴鞠を見せるなど、芸人や太鼓持ちのような生活に身をやつすようになりました。

しかし、悲哀漂う氏真の隣に必ずいたのが、北条氏康の娘である早川殿です。

有力大名の後継者だったものの、すべて失い、ただの浪人になったダメ夫を見捨てることなく、夫にずっと付き従いました。早川殿も北条家のお嬢様なので、戻ろうと思えば実家に戻り、家臣などと再婚もできたでしょう。それでも彼女は夫を見捨てず、共に生きることを選びました。夫の氏真からすれば、なんともありがたい妻です。

不遇の身だった氏真ですが、江戸時代に入ると徳川家康から幕府の儀式や礼儀作法などを教える高家《こうけ》として声がかかり、五百石《こく》ほどの領地をもらうことができたと言われています。

石高《こくだか》自体は多くありませんが、蹴鞠を披露してわずかなお金を稼ぐ日々から考えれば、雲泥の差。新たな今川家として、再出発を果たしたのです。なお、そんな氏真の様子を見届け、早川殿は亡くなりました。

大きな領地を失ってしまった氏真ですが、その人生は果たして不運だったのかというと、そうとも言い切れません。たとえば、早川殿の実家である北条家は、秀吉に逆らったがゆえに、滅びています。長い目で見れば、そのときに実家に帰らず、自分の夫と共に生きることにした早川殿は、正しい選択をしたのかもしれません。

北条家のみならず、三国同盟に参加した武田と今川も同様に滅亡しました。なんとか狭《さ》山藩《やまはん》に一万石ほどの石高を得ることができた北条氏規《うじのり》を除いて、誰も生き残ることができなかったのです。

三国同盟の顛末《てんまつ》を見ると、戦国時代の夫婦はいつ何があるかわからない不安定な間柄であったことがよくわかります。中でも女性は、家同士の結びつきのために、道具のように使われた側面もあったでしょう。しかし、早川殿の生きざまを見ると、厳しい制約の中でも「私はこの人と添い遂げたい」という主体性を持った行動自体は、認められていたことがよくわかるのではないでしょうか。

第5章　「三英傑《さんえいけつ》」の知られざる女性観

実態が謎に包まれている信長《のぶなが》の妻たち

有名な戦国大名であればあるほどに、その女性関係は後世に知られているものです。たとえば、武田信玄は何人もの女性と関係を持っていたし、毛利元就《もうりもとなり》は一人の女性を深く愛し、亡くなるまで大切にしました（その後、何人かの側室をもつ）。このように有力大名であればどんな家の娘をそばに置いたかはある程度わかっているのですが、戦国大名として最も有名な織田信長の女性関係については、実はほとんど知られていません。

一般的には冷酷無比なイメージがある織田信長ですが、案外女性に優しいイメージを抱いている方も少なくないでしょう。その最大の理由は、秀吉の妻である北政所《きたのまんどころ》、通称・おねへの手紙です。

後述しますが、豊臣秀吉は非常に女遊びが激しい人だったので、おねは信長に秀吉の女癖の悪さを愚痴ったようです。すると、信長は彼女に宛てた手紙で、「あなたはこの間会ったときよりも十倍も二十倍も美しくなった」「秀吉はあなたほどの女性にこの先もう二度と出会うことはないだろう」と、おねの気持ちを解きほぐすような細やかな心遣いを感じる文面をしたためています。

この文章を見ると、確かに信長には女性に優しい一面があったのかもと思わざるを得ない。しかし、当の本人である信長が、実際には誰を愛していたのかは謎に包まれています。

信長の最愛の人は、本当に濃姫《のうひめ》だったのか？

まず、よく名前が上がるのは、美濃《みの》の戦国大名・斎藤道三《さいとうどうさん》の娘だった濃姫《のうひめ》です。彼女は信長の正室です。

近年、木村拓哉《きむらたくや》さんと綾瀬《あやせ》はるかさんが主演する映画『レジェンド&バタフライ』でも、その恋愛模様が描かれていたので、御存じの方も多いかもしれません。なお、映画のタイトルが『レジェンド&バタフライ』になったのは、濃姫の名前が「帰蝶《きちょう》」だったからです（もっとも、濃姫が「帰蝶」という名前だったかはいまだ確証はありません）。

通説では最愛の人と言われる濃姫ですが、それが真実かはいまだよくわかっていません。なぜなら、史料上では、信長が義父の治める美濃国を攻め取った後、濃姫の消息がぱたっと消えているからです。作家の司馬遼太郎《しばりょうたろう》は『国盗り物語』の中で、信長が濃姫を本能寺《ほんのうじ》に連れてきていたため、明智光秀《あけちみつひで》による「本能寺の変」が起きた際は、濃姫も一緒に戦って死んだというストーリーを描いていますが、あれはあくまでフィクションです。その後、信長と濃姫がどこでどのように生活をしていたのかなどは、まったく知られていません。

江戸時代に入ってから、織田信長の弟である長益《ながます》と息子の信雄《のぶかつ》の子孫たち四家が、二万石の大名として生き残ります。現在でも織田家は存続しており、その子孫を束ねているのが第十八代当主・織田信孝《のぶたか》さんです。

この方の話によれば、信雄の家で濃姫の面倒を見ていたという話が伝わっているそうで、いまだに彼女の供養などを続けているそうです。仮にその話が真実ならば、濃姫は本能寺の変の後も生き続け、天寿をまっとうしたとの推論は成り立ちます。

一方で、信長が濃姫に対して、本当に深い愛情があったのかは、やはりよくわかりません。

例えば、秀吉の場合は、あれだけの遊び人にもかかわらず、身分が低い時代から自分を支え続けてくれた妻・おねをずっと大切にし続けました。どんなに若い妻を娶《めと》ろうとも、最後の最後まで数いる妻の中で、ずっと彼女を一番高い地位に置き続けたからこそ、おねは周囲から尊敬を受けることもできました。これは、秀吉が北政所に対して、深い愛情を抱いていたことの表れでしょう。

では、信長の正室である濃姫が、織田信長に愛されていた女性たちの間で一番の座にいたのか。わかりません。信長が秀吉の妻である北政所には優しい手紙を書く一方で、自分の正室である濃姫に対して優しい言葉をかける手紙などは残っていません。

この事実からも、実は信長は自分の妻には優しくなかったのではないか、と僕は思ってしまいます。

信長の長男、次男、三男を生んだ母親は誰だったのか

信長は子沢山で、二十人近くの子どもがいたと言われていますが、彼らを産んだ母親は誰だったのかも、確固たる史料は残っていません。

まず、跡取り息子である信忠《のぶただ》の母親も、誰だか不明です。かろうじて「母親の可能性がある」として名前が挙がっていたのが、次男の信雄《のぶかつ》の母だろうと言われる生駒吉乃《いこまきつの》という女性です。

彼女は尾張《おわり》生駒家の女性で、信長の本妻だったのではないかという説があります。なぜ、彼女が本妻だと思われたのかは、次男の信雄と三男の信孝の序列にありました。

信長の死後、清州《きよす》会議では、織田の土地をどう分けるかが議論されました。実は、三男である信孝は次男の信雄よりも20日ほど先に生まれたものの、母親の身分が低かったので、信雄が兄として扱われたという説があるのです。

この場合、信雄の母親である生駒吉乃が名門の娘だということになりますが、実は生駒家はさほど立派な家ではありません。そうなると、重視されたのは、母親の家の格ではなくて、彼女が信長の正妻扱いされていたからではないか。加えて、信忠という長男を産んでいたからこそ、吉乃が信孝の生母よりも上に置かれたという話があってもおかしくありません。

ところが、長男の信忠と次男の信雄は母親が違うという話もあるので、吉乃がとくに信長に愛されていたという話の信憑性もどんどん薄くなってしまいます。

史料から読み解く、信長の女性関係

では、数少ない史料は、信長の女性関係についてどう言及しているのでしょうか。

信長を知る上で、一番基本的な史料は太田牛一《おおたぎゅういち》が書いた『信長公記《しんちょうこうき》』です。織田家に仕えた武士だった太田牛一は、この時代には珍しくジャーナリストの資質を持った人物で、信長の実態を知るために、多くの人に取材をし、信長の一代記を書いています。だから史料としての信頼度はそれなりに高い。

　ところが、この『信長公記』には、信長の妻についてはまったく書かれていません。現代の感覚でいえば、誰かの人物伝を書く場合、パートナーについては必ず言及するものでしょう。なぜなら、そのほうが人となりがよくわかるからです。でも、残念ながら、そうした記事は見当たらない。

『信長公記』が当てにならない以上、次の頼みの綱はキリスト教の宣教師たちが書いた史料です。信長は彼らとの交流が深かったので、その文章の中に信長が登場することがあります。ところが、こちらにしても、宣教師が美濃の岐阜城に信長を訪ねたときに、「信長の妻たちが居住しているスペースに」などと妻に関連する記述こそあれど、具体的な固有名詞が出てきません。

　信長に妻が複数いたのは間違いないようですが、信長の愛を独占したような女性がいたのかは、まったくよくわかりません。まさに歴史研究者としては歯がゆい限りです。

信長は、女性に対する愛情が薄い人間だった？

これら史料の少なさを見ると、おそらく信長は、日頃から妻をいたわったり、妻を愛したりする人物ではなかったのではないかと思わざるを得ません。言い方は悪いですが、信長は、女性はあくまで子どもを作る道具のように扱っていたのではないでしょうか。

戦国時代から江戸時代にかけて登場した信長、秀吉、家康の三人の天下人を見ても、一番女性たちのサポートなどを必要としないのは信長だったのではないかと思います。秀吉は女性がいないとダメだし、家康についても女性との恋愛話は多々残っています。しかし、信長には一切それがありません。

信長の部下に対する扱いを見ていても、「使い捨て」が基本です。その感覚は妻にも通じるところがあったのかもしれない。

だから、信長は多くの妻を娶ったかもしれませんが、彼女たちの人格をきちんと認めていなかったのではないかとすら思ってしまいます。事実、自分の妹であるお市《いち》の方《かた》に対しても、夫の浅井《あざい》長政《ながまさ》を滅ぼした上、彼女が産んだとされる長政の男の子も殺しています。

仮に、信長に最愛の女性がいたのであれば、妻を複数人持っている以上、秀吉がおねに抱くような気遣いをするはずですが、信長に関する史料からは、その様子は一切見えません。冒頭でご紹介した、北政所にしたためた優しい手紙にしても、他人の妻には優しくとも、自分の妻には優しくしない。まさに、釣った魚には餌をやらない人物だったのではないでしょうか。

これについては、歴史的なアプローチだけではなく、精神医学の専門家などから意見を聞いてみるという試みも必要かもしれません。今後も、信長の恋愛関係やその傾向については、ひそかに探求を続けたいと思います。

無類のお姫様好きだった秀吉《ひでよし》

戦国時代の三人の天下人の一人である豊臣秀吉は、とにかく女性関係が非常に派手でした。しかも、その趣味趣向はかなり偏《かたよ》っています。

まず、彼はお姫様が大好きです。秀吉は、自分の生まれに強いコンプレックスを持っていたのでしょう。妻にした女性は大名の娘など身分の高い女性ばかり。なかでも、織田家につながるお姫様が大好きで、信長の娘を側室にしたかと思えば、秀吉が深く愛したことで知られる側室の淀殿《よどどの》、通称・茶々《ちゃちゃ》も、信長の姪《めい》っ子です。昔の自分だったらとても手が出せないような女性を側室にしては喜ぶという、男としては非常にわかりやすい願望を実現したわけです。

ですが、「お姫様が好き」といっても、あくまで秀吉が好きなのは武家の娘で、公家《くげ》の娘には興味がありません。秀吉が天下人となった後、関白《かんぱく》の地位に就いたことを受けて、「秀吉は朝廷を重んじていたのだ」と指摘する研究者もいるのですが、僕は「公家の側室をもらっていない」という理由もあって、その意見に賛同できません。もし、本当に秀吉が朝廷を重んじていたならば、身分コンプレックスの彼が公家のお姫様を側室に迎えないわけがない。

「豊臣家に嫁ぐ公家の娘がいなかったのでは?」と思われるかもしれませんが、彼の甥《おい》である秀次《ひでつぐ》の正室は公家の娘なので、秀吉が公家の娘を側室に迎えようと思えば簡単に実現できたはずです。

秀吉が公家の娘を側室にしなかったのは、あくまで興味があるのは武家のお姫様だったからでしょう。逆に言えば、公家の娘に興味がない時点で、秀吉は関白職にはそこまで深い思い入れはなかったのではないかと思います。もちろん、関白という官職を手に入れることで、朝廷を巻き込み、政権運営ができたのは事実です。ですが、彼は本質的には公家には興味がなかったのではないかと僕は思います。

甥《おい》の秀次《ひでつぐ》に「女遊びはするな」と忠告

秀吉は自分の女癖の悪さを、よくよく理解していたようです。

秀吉は淀殿との間に生まれた長男・鶴丸《つるまる》が生まれて二歳で亡くなってしまったことから、深く落ち込みます。「天は自分に子どもを授けてはくれない。だったら、甥っ子にもう自分の地位を譲ってしまおう」と考え、甥の秀次を自分の後継者に指名し、関白職を譲りました。

そのとき、秀吉が秀次に与えた訓戒状が、いまに残っています。そこには、「自分の真似をしてはいけないこと」という注意書きが書いてあるのですが、これが非常におもしろい。

ひとつは、鷹狩《たかがり》。二つ目は茶の湯。そして、三つ目が女性遊びです。これについて秀吉は、「女性遊びはほどほどにしておけ。でないと、オレみたいに大変なことになってしまう。外で女性を作ってはいけない。しかし、屋敷の中に五人くらい女性を置くのは問題ない」と書き残しています。家の中に五人も女性を囲うというのは、十分女遊びが過ぎるので、秀吉の感覚には首をかしげてしまうところもありますが、一応彼は自分が女好きで、それがあまりよくないことであるとは、十分理解していたのでしょう。

もうひとつ、秀吉の女性関係の特徴は、純然たる女好きで、男性には興味がなかったことです。

この時代は男色《なんしょく》も武士のたしなみとして認められていましたし、彼の上司であった信長は両刀使いで有名でした。

ところが、秀吉はあれだけ女性が好きなのにも関わらず、男色、すなわち美少年には全く興味がありませんでした。美少年を性愛の対象にするのは、ある程度身分の高い人のたしなみに限られていた部分もあるので、秀吉のように農民の出の人間には理解できない趣向だったのかもしれません。

秀吉のお付きの家来たちは「上様はあんなに女性が好きなのに、なぜ美少年には興味がないのだろうか?」と不思議がり、とある実験を試みたそうです。

その実験では、たいへんな美少年を秀吉と一対一にするというもの。家臣たちは、大広間のふすま越しにその様子をこっそりのぞき、様子を見守りました。周囲は誰もいないか、美少年と二人きりになった秀吉はどんな行動をとるのか？　家臣たちは、ドキドキしながら観察しました。

すると、秀吉が美少年の元に歩み寄り、肩を抱えるようにして何かをひそひそと話しています。その様子を見て、「秀吉様もついに男色に目覚めたのか！」と家臣たちは色めき立ちました。

しかし、秀吉は何かを少年に耳打ちした後、すっとその場を離れてどこかへ行ってしまいます。秀吉が立ち去った後、家臣たちは美少年の元に近寄り、「上様になんと言われたのだ？」と尋ねます。

すると、美少年は「秀吉様は『お主《ぬし》には姉か妹がいるか？』とおっしゃいました」と答えたそうです。どんな美少年であっても、心を動かさなかった生粋《きっすい》の女好きである秀吉の趣向がよくわかるエピソードだと言えるでしょう。

女好きの秀吉が生涯愛し続けた北政所《きたのまんどころ》・おね

女遊びが大好きな秀吉ですが、一部では純粋な部分もあります。

それはやはり若い頃に結婚した北政所・おねへの愛情でしょう。彼は、自分がまだ身分も何もないとき、自分の存在を最初に認めてくれた女性であるおねを生涯大切にし続けました。実際、秀吉は彼女に対して、熱烈なラブレターを何通も書いています。

たとえば、島津征伐のために九州に行ったときには「大坂を離れてから、髪の毛にも白いものがいっぱい混じるようになってしまって恥ずかしい」というような素直な気持ちを書き送っています。他の女たちには体裁が悪いなと思うけど、そうした自分の素の姿を見せても、おねだけは受け止めてくれるに違いない、といった内容です。

このように丁寧なラブレターは書きつつも、ときには意外と図太いことも書いています。

秀吉が小田原《おだわら》攻めのために小田原城を囲んだとき、相当長い時間小田原に滞在する必要がありました。その間、配下の大名たちには「のんびり戦うから、退屈しないように嫁を呼べ」と言ったとか。自分も女性を呼ぶために、秀吉はおねに手紙を書きました。

「お前もわかっていると思うけれども、俺はお前のことを一番大切に思っている」と。ところが、続く文章では、若い妻たちのなかでも自分が気に入っていた淀殿と、淀殿の従妹でもあり大変な美人で知られていた京極竜子《きょうごくたつこ》、通称・松の丸殿《まつのまるどの》の二人をお前の指示として小田原に来させるようにと伝えています。

「お前が一番だ」と口では言って彼女の顔を立てながらも、戦地には若い女性二人をよこしてほしいと言う。まさに、男の本音が駄々漏れの手紙ですが、こうした秀吉の行動は、現代の男の人でも理解できる部分は少なくないはずです。

そうかと思えば「家に戻ったら抱き合って話でもしよう」という情熱的な手紙も書いています。

さて、これだけ秀吉には人間味あふれる史料が残っているにもかかわらず、信長のほうはまったく逸話が出てこないのは、信長は常人では考えられないクールな人柄の持ち主だったのではないかと思わざるを得ません。

そういえば、北政所は「おね」だけではなく、「ねね」と呼ばれることもあります。一体本当の名前はどちらなのかと思うかもしれませんが、本人の名前はおそらく仮名一文字の「ね」だったと考えられます。

現代の感覚では、ひらがな一文字の名前はなかなか馴染みがありませんが、この当時の女性にはよくあることでした。さらに、その名前の上に「お」をつけて呼ぶのも一般的でした。たとえば、時代劇などを見ていると、「たか」という名前の町娘を「おたかちゃん」などと呼ぶシーンがあったりします。これと同じで、「ね」という名前の女性に対して、「お」をつけて「おね」と呼んでいたのでしょう。また、「ねね」のように名前を2文字並べて愛称にすることもありました。

天文学的な確率でしか生まれない？　秀吉の息子たち

女性関係がとにかく派手だった秀吉ですが、実はその子どもは彼が五十代のときに淀殿が産んだ、鶴丸と秀頼という二人の男の子だけです。

大人数の女性たちと関係を持ったにもかかわらず、たった二人の子どもしか生まれないということはあり得るのか？　そんな疑問から、何人かの産婦人科の先生とお話をする機会に「不特定多数の女性と関係を持って子どもを作ろうとしたものの、長年子どもができなかった。そんな男性が、五十代になってから関係を持った一人の同じ女性から二人も子どもが生まれることは医学的にあり得ることでしょうか」と質問したことがあります。

そうすると、どの先生方もみな口をそろえて「それは女性側が不倫をして、別の男性との間の子を『あなたの子です』と偽っているとしか考えられない」と答えます。

世の中には子どもができづらい男性は少なからずいます。秀吉も、おそらくそんな男性の一人だったのでしょう。しかし、その中で淀殿だけが子どもを産んだ。しかも、一人の息子が亡くなったら、すぐにまた別の男の子が生まれた。そんな都合の良いことは起きるはずがない。おそらく、淀殿は秀吉以外の男性と不倫していたに違いないと。

素人目線では、淀殿だけが秀吉と抜群に遺伝子的な相性がよかったから、幸いにも二人の子に恵まれたということはあり得ないのかとも思ってしまいますが、この考えも先生方には一刀両断されました。

仮に、いままで長年子どもができなかった男性に、特定の一人の女性との間にだけ二人も子どもが生まれるとしたら、その確率は天文学的な数字になるそうです。

専門家の立場からすれば、秀吉との間の子どもだと考えるよりも、淀殿が誰かと不倫をして子どもを作った可能性のほうが、確実にあり得る話だそうです。

もしも、これが中国の後宮のように厳重に男性の立ち入りが禁止されている女性の空間であったならば、話はまた別ですが、本書でも散々ご紹介してきたように日本の後宮は非常にゆるいものです。だから、安土桃山《あづちももやま》時代も、淀殿がどこかで他の男性と子どもを作っても、まったくおかしくはないということなのでしょう。

秀頼《ひでより》が人前に出なかったのは、本当の父親を明かさないためか？

淀殿はひそかに不倫をしていたのではないか。その根拠となるのかどうか、淀殿は秀頼《ひでより》が表に出ることを、徹底的に避けていました。実は当時、秀頼を目の前で見たことがある人は、非常に限られています。

最終的には、関ケ原の戦いや大坂の陣で、秀頼が「出陣する」と言ったら淀殿は「絶対にダメだ」と言って阻止しました。

なぜ、彼女は秀頼が人前に出ることを、そこまで嫌がっていたのか。これはあくまで僕の仮説というかバカ話ではありますが、秀頼を見たら、誰の子どもかが一発ではっきりとわかるほどに、父親の面影が顔に現れていたからではないでしょうか。

大野治長《おおのはるなが》や石田三成《いしだみつなり》など、考えられる候補者は何人か存在しますが、とにかく秀頼は本当の父に非常によく似ていた。だからこそ、淀殿は秀頼を表に出さなかったのではないでしょうか。いや、本当にどうでもいい話なのですが。

秀吉にしても、内心では「淀殿が自分ではなくよその男と子どもを作った」ということがわかっていたのではないでしょうか。当時の彼の心情はいまとなってはわかりませんが、いつか小説家の先生や精神医学の先生など人間心理の専門家たちと、ぜひ読み解いてみたいと思います。

家康《いえやす》の最愛の人だったと言われる正妻・築山殿《つきやまどの》

天下人三人目となる徳川家康の女性関係は、秀吉に比べればだいぶ地味に見えるかもしれません。

武家のお姫様好きで農民出身というコンプレックス丸出しの秀吉に比べれば、家康の選ぶ女性たちはその対極にあります。彼が愛した女性や子どもを産んでもらった女性たちを見てみると、高貴な血筋の女性はほとんどいません。

たとえば、最初に彼が結婚した築山《つきやま》殿は、二〇二三年放送の大河ドラマで家康が大変に愛した女性として描かれていました。しかし、これがどこまで本当かは、考えざるを得ません。

「本当に家康は築山殿が好きだったのか」と疑う根拠のひとつは、家康が「桶狭間《おけはざま》の戦い」の後に岡崎城に帰ったときのこと。それまで家康は今川家の家臣として活動をしていたため、彼の正室である築山殿と二人の子どもたちは、今川家の人質として現在の静岡・駿府《すんぷ》におり、いつ殺されても仕方がない状態です。

その後、家康は今川家の忠実な家臣であった鵜殿《うどの》家を攻撃。鵜殿氏長《うじなが》と鵜殿氏次《うじつぐ》を捕らえ、駿府で人質となっていた築山殿と息子の信康《のぶやす》、娘の亀姫《かめひめ》たちと人質交換し、家族を取り戻します。妻子を大切にしていたからなのか、はたまた最悪殺されても仕方がないと割り切っていたからなのか、成功したからよいものの、なかなか思い切った行動だったと思います。

興味深いのは、この後の築山殿の動きです。彼女は家康の住む岡崎城に入らず、城の近くにあるお寺に住むようになりました。その寺に日本庭園の築山があったことから、彼女は築山殿と呼ばれるようになりました。

普通に考えると、仲睦まじい夫婦であれば、なかなか別居はしないはず。

しかも、その後、築山殿は家康の子どもを産んでいません。別居しているからといって夫婦関係がない証明にはなりませんが、結婚してすぐに子どもが二人生まれるほどの健康体なのですから、仮に夫婦関係を持っていたならいつ子どもが生まれてもおかしくなかったはず。でも、子どももいないし、別居もしていた。天下人の考え方はわかりませんが、私たちのような凡人から見れば、素直に「二人はあまり仲が良くはなかったのではないか」と思ってしまいます。

そのほか面白いのが、その後、家康が岡崎城から浜松城へと拠点を移したら、築山殿は岡崎城に移り住み、息子の信康に世話になっていることです。家康がいなくなった岡崎城に移り住んだ背景には、築山殿が家康に対して何かしら悪い感情を抱いていたからではないかと勘繰ってしまいます。さらに、浜松と岡崎ほど距離が離れてしまえば、当然夫婦関係を持つことはできません。現代でいえば、完全別居で離婚待ったなしでしょう。

浜松時代の家康には、性欲がなかった可能性

もしかしたら、家康と築山殿の間には愛情はなかったかもしれない。その場合、疑問に思うのが、浜松に移った家康には、築山殿以外に愛情を持つ女性が別にいたのかどうかで

す。

当時の家康は三十歳くらいなので、男性としては一番女性にそばにいてほしい年齢です。それなのに、愛する女性がいた形跡がありません。

当時、家康には西郡局《にしこおりのつぼね》と言われる側室がおり、その女性は女の子を産んでいます。

一つの可能性として、西郡局が家康の愛を独占していたからこそ、築山殿や他の女性は必要なかったのかもしれません。

しかし、家康が西郡局を溺愛していたかといえば、そんな形跡は見当たらない。彼女が産んだ女の子・督姫《とくひめ》は、北条氏直《ほうじょううじなお》の嫁になりました。その後、北条氏直が若くして亡くなると、督姫は池田輝政《いけだてるまさ》へと嫁に行きます。晩年の西郡局は、督姫が嫁いだ池田の家で世話になり、葬儀は、義理の息子である輝政が全部取り仕切りました。

もし、家康が彼女に愛情を注いでいたのであれば、娘の実家に住まわせたり、池田輝政に葬儀を一手に引き受けさせたりはしなかったのではないでしょうか。

このように見ていくと、この当時の家康には女性に対する深い愛情がなかったのかもしれません。もしかしたら、三代将軍となる孫の家光《いえみつ》は男好きで有名だったので、家康も信長のように男性を愛していた可能性も考えられます。もっとも、「家康が男色を好んだ」

という史料は残っていませんが。

　他の考えとして、正妻である築山殿をひたすら愛していたからこそ、築山殿を裏切るようなことはできないと思っていた可能性もあります。でも男女関係に関する当時の感覚を見るとその線は薄いようにも思います。

　どことなく浜松時代の家康が淡泊に見える理由として、僕がひとつの仮説として考えるのは、当時の家康は女性にかまっている暇がないほどに、精神的に緊張していたのではないかというものです。

　家康が浜松に滞在していた時代は、常に武田信玄の脅威におびえる必要がありました。その侵攻に備えるため、いつも戦々競々として、女性とゆっくり寛《くつろ》ぐことなど許されなかったのではないか。武田信玄が攻めてくるのが怖くて、一時的な男性不能に陥っていても、決しておかしくありません。

シングルマザーが大好きだった家康

　浜松時代の家康が積極的に女性と関係を持たなかったのは、岡崎城に残してきた息子・

信康が跡を継いでくれるだろうと安心していたからでしょう。しかし、信康が織田信長の逆鱗《げきりん》に触れたことで、家康はやむなく息子に切腹を命じます。

大切な自分の後継者がいなくなってしまった。そんな事態に置かれた家康がどうしたかというと、子持ちの未亡人、現代でいえばシングルマザーたちと関係を持つようになります。

実は、若い頃の家康の女性選びの特徴は、地味ながらも熟女好きという点です。しかも、ただの熟女ではなく、子どもがいる未亡人と多く関係を持っています。

たとえば、二代目将軍の秀忠を産んだ西郷局《さいごうのつぼね》、通称・於愛《おあい》の方は、まさにその条件にぴったりな人です。彼女は、西郷義勝《さいごうよしかつ》の正室だった女性で、義勝と結婚して子どもを産んだものの、夫が亡くなり未亡人になり、家康の側室になりました。

家康がなぜ子持ちの未亡人を愛したのか。性癖だったといえばそれまでですが、一番の目的は「跡継ぎを作るため」だったのでしょう。

家康は、子どもができずに散々苦労している秀吉の様子を知っていたので、子どもは作ろうと思っても簡単に作れるものではないとわかっていたはず。

一方で、自分自身は、かつて何人も子どもを作っているので、自分に子どもを作る能力があることはわかっていたでしょう。問題は相手の女性に誰を選ぶかです。当時は身分の高い女性であればあるほどに、活発な運動などはしないため、身体が弱くて子どもができなかったり、妊娠出産に耐えられずに亡くなってしまったりするという事情もありました。

でも、すでに子どもを出産したことのある女性であれば、その女性に子どもを作る能力がある。ならば、その女性と自分が夫婦の営みをすれば、必ず子どもが生まれるはず。おそらく、ここまで考えて、家康は相手の女性を選んでいたはずです。

冷静に考えると、かなり計算高い女性の選び方ですし、ロマンも何もあったものではありませんが、この考え方が、「徳川家を栄えさせるには、とにかく男の子がたくさん生まれればいい」という選択へと結びついていくのでしょう。

家康が愛した有能な女性たち

家康が愛した女性たちについて、もうひとつの特徴は、有能な女性が多かった点です。

彼に最も愛された側室として有名な阿《あ》茶局《ちゃのつぼね》という女性も、非常に優秀でした。秀吉の正室であったおねのところでも触れましたが、「阿」は「お」という言葉に通じるもので、

「茶局《ちゃのつぼね》」だけでは呼びづらいので「阿茶局」にしたと考えられます。なお、秀吉の側室だった淀殿も「茶々」と呼ばれていましたが、彼女の名前も「茶」だったのでしょう。当時の女性たちの名前はこのように短いものが多かったようです。

この阿茶局も、実は未亡人です。武田の家臣だった飯田直政《いいだなおまさ》の娘で、今川氏の家臣だった神尾忠重《かんおただしげ》と結婚しますが、夫が亡くなり、後に家康の側室になりました。

彼女には、前夫との間に二人の子どもがいるのですが、珍しく家康の計算が外れ、彼女との間には子どもは作っていませんが、非常に優秀な人だったようで、家康は彼女をずっとそばに置いていました。

また、女性に関する徳川家の奥向きの話については、全部彼女に統括させていたと言われています。いわば、後の江戸幕府に生まれる大奥《おおおく》の元締めのような立場だったのでしょうか。

家康は戦争に行くときにも、彼女を伴っています。戦争時に女性を連れていくのは常識外れでしたが、家康は構わず連れて行ったそうです。大坂の陣で豊臣と徳川が戦ったとき、淀殿たちと交渉するための和平交渉の場に出ていったのも、この阿茶局でした。彼女は徳川を代表して交渉の場に立ち、和平交渉をうまくまとめてきたため、卓越した外交能力も持っていたのでしょう。

　さらに、阿茶局は、三男の秀忠と四男の忠吉《ただよし》という息子たちの育ての母でもあります。彼ら兄弟を産んだ西郷局は、出産後すぐに死んでしまったため、阿茶局がこの兄弟を引き取り、育てたとも言われています。

後年になって出現した、家康の少女好み

　若い頃は熟女、それも賢くて子どもがいる熟女が好きだった家康ですが、後年になるとまた新たな性癖が出現します。それは、十代の少女を愛するロリコン傾向です。年を重ねたがゆえに、本来の自分の性癖が開花した可能性もありますが、家康は次第に若い女性を寵愛するようになりました。

　たとえば、豊臣家一門の青木一矩《あおきかずのり》の娘である蓮華院《れんげいん》、通称・お梅《うめ》の方を側室にしたのは、なんと彼女が十五歳の頃。秀吉は農民の出ですが、かなり血縁者が多い人物です。どこまで本当かはわかりませんが、勇猛さで知られた戦国大名の福島正則《ふくしままさのり》も秀吉の従兄弟だったと言われており、青木家も同じように秀吉の親戚筋だったようです。

青木一矩の活躍ぶりは、史料にはほとんど残っていません。ですが、秀吉が亡くなった関ケ原の合戦前に、青木家は、現在の福井県にある越前北ノ庄《えちぜんきたのしょう》に二十一万石の領地を与えられています。二十一万石といえば相当なものですが、青木家がそれだけの石高をもらえるように取り計らったのは、どうも秀吉没後、五大老の一人だった家康だったようです。

その頃の家康は、青木の娘を自分の側室にしています。豊臣一族のお嬢さんを見初めてしまったのか、政治的な意味があるのかはわかりませんが、もしかしたら、「秀吉様の身内ですから、二十一万石差し上げます。代わりに、かわいい娘さんを私にください」という裏取引があった可能性もあります。

そのほか、家康が三十六歳の年の差恋愛をしたのが、江戸城を作った太田道灌《おおたどうかん》の血筋に当たる英勝院《えいしょういん》、通称・お梶《かじ》の方という女性です。彼女も、若い頃から家康の寵愛を得たことで知られています。

二人の出会いは、彼女が十三歳のとき。当時の家康は四十九歳。現代の感覚でいえば、「あまりに年上の男性と付き合うのは気持ち悪い」「年上すぎると恋愛対象としては見られない」という感覚が、女性には少なからずあるわけです。三十六歳の年齢差といえば、もはや父と娘くらいの年齢差があるわけですが、戦国時代においても、大きな年齢差に対する抵抗感は今ほど強くなかったのかもしれません。

お梶の方は才気あふれる女性だったそうで、家康は非常に気に入っており、彼女もまた関ケ原の戦いにも同行したと言われています。

後に彼女は家康との間に一人の女の子を産みますが、不幸なことに、その子は生まれてすぐに亡くなりました。それをかわいそうに思った家康は、自分の末っ子である徳川頼房《よりふさ》を彼女の養子にします。頼房は、水戸黄門《みとこうもん》で知られる水戸光圀《みつくに》の父です。

水戸の殿様になるような子どもを養子にしたことで、お梶の方は家康の死後もずっと幕府で重用されました。徳川光圀も、自分の父が母親として大切にしているお梶の方には、よくご機嫌伺いに行っていたようです。その後、彼は兄の松平頼重《まつだいらよりしげ》を差し置いて、水戸藩主になりますが、この跡継ぎ決めの際には、「光圀のほうが賢そうだから、こちらを水戸藩主にしましょう」などとお梶の方が口添えしたのではないかと僕は思っています。

後に、彼女は鎌倉に英勝院というお寺を建てたのですが、このお寺は、水戸家のお姫様が尼になる際に行く格式の高い寺として位置付けられました。いまも尼寺として生き続けています。

部下に下賜《かし》された、お梅の方とお梶の方

非常に不思議なことに、家康は、自分がかわいがっていた二人の女性たちを部下に下賜《かし》するという妙なことをしています。

まず、お梅の方については、自分が気に入っていた若手大名の本多正純《ほんだまさずみ》へと嫁入りさせ、お梶の方は徳川幕府の財政を担っていた松平正綱《まつだいらまさつな》の妻にしました。

傍《はた》から聞くと悪趣味な話ですが、おそらく家康は中国の皇帝の真似をしたのでしょう。彼は非常に勉強家で努力家なので、中国の歴史書を膨大に読んでいます。中国では君主が自分の寵愛する女性を、褒美として家臣に下賜することがあるので、きっとこの真似をしたのでしょう。

日本でも、君主が女性を家臣に下賜することはたまに起こります。平清盛が白河上皇のご落胤《らくいん》だという噂が生まれたのは、祇園《ぎおん》の女御《にょうご》という自分の愛した女性を、上皇が清盛の父・平忠盛にプレゼントしたという逸話から生まれたものです。

面白いのは、家臣に下賜されたお梅の方とお梶の方で、その後の動きが正反対だったことです。

お梅の方は、家康に言われるがままに本多正純に嫁ぎ、彼の妻としてひそやかに生涯を終えました。しかし、お梶の方は、一度は松平正綱と結婚したものの、その後、夫を捨て、家康の元へと帰ってきてしまったのです。

正直、このお梶の方の行動については、僕は最初理解できず、「出世頭の若手大名よりも、古狸の家康のほうがいいというのはどうしてなのか」と首を傾げていました。男性としての機能も低下していたでしょう。もっとも、家康は非常に健康オタクだったので、オットセイやアザラシの性器を粉末にして飲んだり、虎肉を精力剤として食べたりしていたそうですから、性的には年齢を重ねていても問題ない部分もあったのかもしれません。

また、結婚当時、本多正純の石高は三万石ほどで、松平正綱は二万五千石ほど。日本全国を手中に収める家康のほうが、お梶の方には惹かれるものがあったのかもしれません。

また、カルガモの親子ではないですが、十三歳の頃から家康と一緒にいるので、お梶の方の脳内では「家康さまが一番ステキ！」という刷り込みがなされていたのかもしれません。

なかには愛人を持たない将軍もいた

家康は自由な恋愛を楽しんでいたようですが、家康の息子である二代将軍・秀忠などは、妻・お江《ごう》の尻に敷かれ、ほとんど愛人は持てない状況でした。

なかには、九州大学の福田千鶴《ふくだちづる》教授のように「側室を置くのは難しく、仮に置く場合はいろんな儀礼も必要だし、何より側室としてふさわしい人でなければ選ばれることはなかった」と発言をされる方もいます。

しかし、僕自身は仮に将軍が「この女性を側室にしたい」と思えば、簡単にできたはずだと考えます。二代将軍の秀忠が、なぜ正妻であるお江に対して、そこまで頭が上がらなかったのかはわかりません。そこは、二人の間でしかわからない力関係があったのでしょう。

夫婦は寝所という密閉された空間を共にしますが、その空間での力関係は、他の人の影響を受けません。仮に将軍であっても、他人が口を出せない部分があったのでしょう。

春画《しゅんが》から見る、性におおらかだった江戸の庶民たち

家康の偏った趣向についてお伝えしてきましたが、ここで少しだけ当時の江戸の恋愛文化についても紹介したいと思います。

江戸時代は、いまよりもずっと人々の性はおおらかでした。そんな様子は、当時描かれた枕絵《まくらえ》、すなわち春画などからも垣間見られます。

以前僕が見て、微笑ましいと思った春画が、赤ん坊をおんぶする女性と間男の絵です。間男はその女性と男女の関係を持ちたいがゆえに、女性がおんぶしている赤ん坊をでんでん太鼓であやしながら、後ろからその女性に挑みかかっている。そして、赤ん坊は「このおじさんは誰だろう」と、自分をあやそうとする男をニコニコと見ている。

そんな奇怪な状況ながらも性を楽しもうとする江戸っ子たちを見ていると、「当時の人々は、本当に性を謳歌していたのだな」と思わず微笑んでしまいます。

なお、春画のレパートリーは非常に広く、男女の交わりだけでなく、陰間《かげま》、すなわち中高年の男性が男娼《だんしょう》を買うような絵もあります。

武士の世界では、男性同士の恋愛は、女性との恋愛よりも格上だとされていました。僕

自身はあまり詳しくないのですが、男性同士の恋愛だと男役と女役に分かれ、女役の男性は中性的な容姿であることも多かったようです。

しかし、その組み合わせがすべてだったわけではありません。たとえば、織田信長に愛された森蘭丸《もりらんまる》は、筋肉隆々《りゅうりゅう》としたマッチョ体型だったようで、江戸時代の絵で彼が描かれる際は、非常に立派な肉体を持つ人物として描かれています。

これら史料を見ると、性の多様性に驚かされます。江戸時代前後の日本人は、今以上に性が身近なものだったのではないでしょうか。

江戸の町では、不倫もお金を払えば許された

不倫に対しても、庶民の間では、かなり寛容に受け入れられていたようです。

武士の世界では不義密通《ふぎみっつう》はご法度《はっと》で、間男はその場で叩き斬られることもありました。でも、庶民の場合は不倫のたびに幕府に訴えるのは面倒なので、いつの間にか「間男七両二歩」という取り決めが生まれます。これは、「仮に不倫をした場合、男は相手の女性の旦那に七両二歩払って勘弁してもらう」というルールです。

七両二歩は、現代なら大体七十五万円ほど。裕福な人の場合は、先にお金を用意して、旦那に渡してから相手の妻と不倫をした人もいたそうです。

さらにいえば、江戸の町ではパートナーを見つけて結婚できること自体がラッキーでした。なぜなら、当時の江戸の男女比率は、男性のほうが圧倒的に多かったからです。「江戸に行けば仕事があるらしい」と聞きつけた埼玉や千葉エリアの食い詰めた農家の次男坊や三男坊たちが大勢いたものの、女性が少ないので嫁をもらえない男が非常に多く、結婚できる男性はほんの一握り。

妻がもらえない男性たちの間で人気になったのが、風俗です。しかし、風俗の流行は、梅毒などの性病の蔓延《まんえん》をも引き起こしました。当時、梅毒の治療法は水銀を飲むなどの非科学的なものが主流だったので、適切な治療ができずに症状が悪化し、鼻が腐り落ちてしまった人も大勢いたようです。

それでも粋を愛する江戸っ子たちは風俗通いをやめず、むしろ「梅毒にかかるのは、粋な遊び人」くらいに思われていたようです。

結婚できない人が多く、梅毒が増えるという現象は、現代にも少し通じる部分がありますす。現代では梅毒は治る病気ですが、江戸時代は一度患うと死んでしまう致命的な病気です。死ぬリスクがあっても風俗通いをやめないというのだから、江戸っ子は本当に遊び好きだと思わざるを得ません。

一度関係を持つのに三百万円！　花魁《おいらん》との大人の遊び

また、遊ぶのにもそれなりにお金がかかります。たとえば、当時、遊女の中でも最高峰の地位にいた花魁《おいらん》たちと関係を持つには、いったいどのくらいのお金がかかるのかを、みなさんはご存じでしょうか？

一説ではありますが、最高級の花魁たちと遊ぶには、一晩あたり百万円ほどかかります。しかも、一度店に通っただけでは、花魁たちに相手にはしてもらえません。

吉原《よしわら》で遊びたい場合、最初はまず顔合わせから始まります。初めて会った日は、ただお互い顔を確認し合うだけ。さらに、遊郭の人々にご馳走《ちそう》もしなければなりません。これにかかる費用が、だいたい百万円だと言われています。

そして、二回目。花魁ともう一度会うことを「裏を返す」という言い方をします。これは、指名が入ると遊女の名札が裏返されることに由来します。このときも遊郭の人々にご馳走するので、同じように百万円くらい使います。

三回目になると、ようやく「馴染《なじ》み」と認められ、念願かなって同じ布団で寝ることができます。この費用にも百万円かかります。

三回の手順を踏み、トータルで三百万円を使って、ようやく憧れの花魁を手に入れることができるのです。しかし、当時の花魁は、いまでいうアイドルのようなもの。意中のアイドルと三百万円で馴染みになれるのを、安いと思うか、高いと思うか。その判断については、お任せします。

儒教《じゅきょう》の影響も強かった、「長子相続」という文化

若い頃は未亡人で子持ちの熟女好きで、計算の上で子どもを作り、年を重ねてからは己《おのれ》の好みを全開にして少女愛に走る……。そんな家康の女性関係について語ってきましたが、非常にマニアックな趣向を感じ取った方も多いのではないでしょうか。

本物の家康が大河ドラマで家康役を務める松本潤《まつもとじゅん》さんのようにイケメンならば気にならないのかもしれませんが、現実の家康はあくまで古狸《ふるだぬき》なので、受け入れられない気持ちを

抱いた方も多いでしょう。もっとも、己の趣味趣向を全開にした人生は、男性としては、幸せだったかもしれません。

そんな家康が、その後の日本の文化に大きく影響を与えたのが、「長子相続」を徹底したことです。

長子相続は、世界中で見られる傾向で、何の条件もつかなければ、長子、しかも長男が跡を継ぐのは普通のことでした。

本書でもお伝えしたように、鎌倉時代くらいまでは母親の地位の高さが後継者決定に関連していました。鎌倉幕府を開いた頼朝の場合も、母親が非常に格の高い家の出身だからこそ、三番目の男の子であっても生まれたときから跡取り息子に指名されていました。

天皇家の相続についても、「長子」である条件以外にも複雑な要素が絡むことがあります。たとえば、同じ母から生まれた兄弟でも、父が弟を気に入っていれば弟が天皇の位を継ぐことはよくありました。

鎌倉時代の後半に、持明院統《じみょういんとう》と大覚寺統《だいかくじとう》による両統迭立《りょうとうてつりつ》が行われ、天皇家が真っ二つに割れましたが、その原因も両親の思惑が絡んでいます。

当時帝位についていた後嵯峨《ごさが》天皇の夫妻は、自分の息子たちのうち、兄である後深草《ごふかくさ》天皇は体がどうも弱いことが心配だったため、弟である亀山《かめやま》天皇に跡を継がせたいと思っていました。

どれだけ後深草天皇がか弱かったのかというと、「女性と寝所を共にした後、相手の女性に腰を揉ませていた」というエピソードにも表れています。男女の交わりの後に「腰が痛くなったから揉んでほしい」と言われたら、普通の女性ならドン引きしてしまうものですが、後深草天皇は、平気でそんなことを要求するほど病弱な男性だったのでしょう。

だから、両親は快活で健康な弟を天皇にしようと考えたけれども、兄は気に入らない。そんな怨恨がきっかけで、二つの皇統が交互に帝位につくという両統迭立が始まりました。

このように、日本では跡継ぎ問題にはルールとして、長男と母親の家柄が重視されていたのですが、その都度でどのルールが優先されるかは変わるものでした。

しかし、家康以降、この「長子相続」がルールとして固定化されます。

家康は、自分が将軍職を退き、後継者には三男の秀忠を選びました。長男は既に死亡、次男は他家へと養子に入っていたとの事情もありますが、秀忠は割と優秀な人物なので、誰を二代目将軍にするかについては、しっかり吟味したのかもしれません。

ところが、自分の孫の代、すなわち三代将軍を選ぶ頃になると、家康は「先に生まれた男の子を跡継ぎにしろ」と伝え、以降の江戸幕府でもこのルールが踏襲されていきます。

家康の中では「もはや徳川家は盤石だ」という自信があったのかもしれませんし、優秀な子孫を跡継ぎにする流れを作ると、誰が跡を継ぐかでお家騒動を引き起こし、徳川滅亡の起因となるのではないかと危惧した可能性もあります。

それ以降、日本では「長男が跡継ぎ」が定着していきます。

このルールが取り入れられた背景として大きかったのは、江戸時代になって儒教《じゅきょう》が国教になったことでしょう。儒教では先に生まれた人を敬う考えが強いため、生まれた順番を非常に大切にします。逆に言えば、長男であれば、能力がなくとも跡を継げるようになりました。

なお、家康には十一人の男の子と五人の女の子がいたのですが、息子だけを重んじていたわけではなく、娘たちもとてもかわいがっています。

家康は吝嗇《けち》で倹約家なイメージがありますが、娘の夫である娘婿には大盤振る舞いしている様子がうかがえます。

たとえば、家康が浜松にいた時代に生まれた次女・督姫《とくひめ》は、池田輝政《いけだてるまさ》の後妻として迎え入れられます。池田輝政はもともと十五万石ほどの大名でしたが、家康が天下人になると、池田一族は合わせて九十二万石というとんでもなく広大な領地を手にしています。これは、娘かわいさの所以《ゆえん》でしょう。

その九十二万石の総力を挙げて作られた城が、現在の姫路城《ひめじじょう》です。姫路城は日本有数の名城として知られていますが、その規模感は百万石の城だからこそといえるでしょう。

奇行で名高い家光《いえみつ》が、徳川家を継いだ理由

どんなに才能のない子が生まれたとしても、先に生まれた男の子を一番大事にし、将軍に据えよと家康は打ち出しました。結果、歴代でもかなり変わった将軍として有名になったのが、三代将軍の徳川家光《いえみつ》です。

家光という人は、かなり問題のある将軍でした。たとえば、現存する彼が描いた絵を見ると、まるで幼稚園児が描いたように稚拙です。

少しでも知性のある人間が絵を描くならば、うまい人の絵を真似するなどの創意工夫を行いますが、家光の絵には「うまい人の絵を真似よう」という感覚は一切ない。家光が描いた絵でなければ、ただの下手な絵に過ぎず、現代までこの絵が残ることはなかったでし

ょう。言葉は悪いのですが、絵以外の史料を見ても、家光から深い知性を感じたことは、僕は一度もありません。

家光の父母である秀忠夫婦は、その事実を見抜いていたのでしょう。問題の多い家光よりも賢い弟を将軍に据えようとしたものの、家康は「将軍は徳川家の上に座るだけでいいのだから、賢くなくていい。それよりも、お家騒動を引き起こさないことのほうが肝心だ」と考え、長男だった家光を将軍に指名しました。

それ以降、「跡継ぎを作る」ことが一番の使命となった江戸時代の将軍は、非常に不健康でした。江戸城に囲われて、ほとんど外にも出ないし、政治も家臣に任せっぱなし。最大の使命は子どもを産むことだったので、徳川十一代将軍の徳川家斉《いえなり》は、五十人の女性に五十人の子どもを産ませています。たしかに他に仕事がないので、やることは女性との交わりだけだったのでしょう。

家斉の子どもたちもみんな江戸城で大事に育てられているから不健康になるのか、大半が若いうちに亡くなっています。

その中で、結婚できる年齢まで生きていた数少ない生き残りが溶姫《ようひめ》というお姫様です。彼女は加賀藩《かがはん》主の前田斉泰《まえだなりやす》の正室として嫁に行くのですが、そのときに作られたのが東京大学の赤門《あかもん》です。当時、赤という色は勝手に塗ってはいけない色で、幕府や将軍なりが認可しないと使えませんでした。このときは、嫁入りの門出を祝うために赤く塗った門をくぐって、溶姫が前田へとお嫁入りをしたと言われています。

「長子相続」の考え方が生んだ、「腹は借り腹」という思想

長子相続の感覚が根付いていく一方で、損なわれたのが母親、すなわち女性の権利の尊重でしょう。

たとえば、江戸時代に生まれたのが「腹は借り物」という考え方です。女性の人権をまったく無視したひどい考え方ですが、家康の言わんとすることはこれに非常に近いように思います。不快な表現ではありますが、要するに、母親は父親に腹を貸すだけなのだから、長男を産むのなら誰でもよい、と思われたのです。

象徴的なエピソードをいくつかご紹介します。

まず、三代将軍・家光の長子は女の子だったのですが、なんとその血筋は石田三成に連なっています。女の子が生まれるか、男の子が生まれるかは、あくまで運次第。女の子に

生まれたからこそ、この子は跡継ぎにはなりませんでしたが、仮に彼女が男の子として生まれていたならば、関ケ原の合戦で敵対した石田三成の血を引く子どもが、徳川家の四代将軍になっていたのです。

実際に四代将軍になった家綱《いえつな》の場合も、母方の祖父は立ち入り禁止の場所に入り、禁猟《きんりょう》とされていた鶴を捕った罪で、死刑になった人物です。言ってしまえば、死刑囚の孫が江戸幕府の将軍になっているということ。現代だったら、問題視されてもおかしくありません。

それをまったく意に介さなかった点を見ると、徳川幕府がいかに「腹は借りもの。徳川家の長男であれば問題ない」と考えていたかがわかります。

いまの時代を生きる僕たちは、生まれてきた子どもの遺伝子の半分は、母親からの影響を受けるとわかっています。しかし当時は、儒教の影響が強まったことで、「母親は誰でもいいので、とにかく跡継ぎとして男の子をより多く産むべきだ」という感覚が、より一層強くなったのです。

もしかすると、江戸時代は、日本で一番女性の人権が抑圧されていた時代かもしれません。儒教の影響を受けた長子相続がなければ、江戸時代の女性に対する考え方は、明らかにもっと違うものになっていたでしょう。

権力のために、恋愛感情を放棄せざるを得なかった女性たち

本書では、多くの男女が織りなす愛憎の歴史を追いかけてきましたが、僕自身が強く思うことがあります。

それは、過去の日本においては、女性が自ら権力を持ちたいと思った際は、どうしても恋愛を犠牲にしなければならないことが多い点です。

愛情と権力。女性たちがどちらを欲するのかは、僕にとっては永遠のテーマのひとつですが、権力欲が強い女性もいれば、愛情を欲する女性もいたりと、どちらの側面を持ったとしても良いと僕自身は思っています。でも、権力を欲する場合、女性たちは、男性権力者たちに自分の恋愛感情を捧げるという選択を迫られがちです。

平安時代であれば、女性が権力を得ようとするのであれば、天皇の妻になり、寵愛を受け、子どもをなすことが一番の道でした。

江戸時代に入ると、向上心のある女性が、大奥に入ることもありました。たしかに大奥

に入って将軍の寵愛を受ければ、頑張り方次第で出世することもできたでしょう。ただし、大奥に入り、将軍に気に入られるということは、ほかの男性との恋愛関係を放棄し、一切の恋愛を諦めることを意味します。中には、ある程度の権力を手にしたら、「ここから逃げ出そう」といって権力者の元を離れる女性もいたかもしれません。

しかし、男性は、権力を持てば持つほどに女性関係が派手になる一方で、出世を望んだ多くの女性たちは、誰かしら権力者の妻や妾になり、自分の恋愛感情を犠牲にしなければならぬケースが多かった。これは非常に気の毒なことです。

もちろん権力者のなかには見目麗しくて、なおかつお金も権力を持っている男性もいたかもしれませんが、それはほんの一握りだった。多くの女性は、権力を得るために、自分よりも遥か年上の男性や何かしら難のある男性と一緒になることを強いられたのでしょう。

ですが、ときに恋愛は、大きな突破口になることもありました。たとえば、明治時代の初頭は、女性の権利がことごとく潰されていきます。そこで、平塚《ひらつか》らいてう《いちょう》が「原始女性は太陽だった」と言い、女性の権利を解放するべく、女性たちの覚醒を促しました。

ここで非常に興味深いのが、女性解放運動に関わる人々は、何かと不倫や男女の痴情のもつれといったスキャンダルを多く抱えていたことです。

それは、おそらく「男に負けないぞ」と女性が思ったとき、一番手っ取り早い手段が恋愛だったからではないかと僕は思うのです。

男性は長年の伝統や慣習、法律などで守られているので、政治や経済の場で女性が男性と対等に接しようとしても、なかなかうまくいかなかった。

でも、恋愛ならば、密閉された空間で男と女、裸の状態で向き合うことになります。この時の男性は、伝統や慣習、法律などには守られていませんし、他人が介入する余地もありません。そう考えると、恋愛というものが、男女が一番しっかり相手と向き合える場であったし、女性たちにとって人生の突破口になることもあったはずです。

愛と憎しみという強い感情は、どんな身分や立場の人をも動かす強い原動力になります。だからこそ、人々の抱く愛憎の感情が、こんなにも日本の歴史を左右してきたのだと僕は感じています。

本郷和人（ほんごう かずと）

1960年、東京都生まれ。

東京大学史料編纂所教授。

専門は、日本中世政治史、古文書学。『大日本史料　第五編』の編纂を担当。

著書に『空白の日本史』『歴史のＩＦ（もしも）』『日本史の論点』『最期の日本史』（扶桑社新書）、『東大教授が教える シン・日本史』（扶桑社）、『日本史のツボ』『承久の乱』（文春新書）、『軍事の日本史』（朝日新書）、『乱と変の日本史』（祥伝社新書）、『考える日本史』（河出新書）、『歴史学者という病』（講談社現代新書）など多数。

デザイン：塚原麻衣子
写真：近藤　篤

扶桑社新書 482

愛憎の日本史

発行日 2024年 1月 1日　初版第1刷発行

著　　者………本郷 和人
発 行 者………小池 英彦
発 行 所………株式会社 扶桑社
〒105-8070
東京都港区芝浦1-1-1 浜松町ビルディング
電話 03-6368-8870（編集）
03-6368-8891（郵便室）
www.fusosha.co.jp

DTP制作………株式会社 Sun Fuerza
印刷・製本………株式会社 広済堂ネクスト

Printed in Japan　ISBN 978-4-594-09583-3